Crying Wind Stafford
LIED IM WIND

Dieses Buch wurde mit Liebe geschrieben für
meinen Mann, Don,
und unsere Kinder –
Kleine Antilope
Verlorener Hirsch
Schneewolke
Frühlingssturm –
die mich lieben und lachen lehrten.

Das Kreuz

Auf dem Hügel stand
ein roher Galgen –
das verhaßte Kreuz.
Rot glühte die Erde
von Jesu Blut,
das dort geflossen,
an dem schändlichen,
dem verhaßten Kreuz,
an dem er für mich starb.
Herrliches Kreuz!
Himmlisches Kreuz,
wo Jesus die Freiheit mir gab.

       Schrei im Wind

C. W. STAFFORD

Lied im Wind

SCHULTE & GERTH

Die amerikanische Originalausgabe erschien im Verlag
Moody Press, Chicago,
unter dem Titel „My Searching Heart"
© by The Moody Bible Institute, Chicago
© der deutschen Ausgabe 1980 Verlag Schulte & Gerth, Asslar
Aus dem Amerikanischen von Walter und Hildegard Zahnd

Best.-Nr. 815 676
ISBN 3-89437-676-7
1. Taschenbuchauflage in der Reihe „Bewegende Biografien" 1996
Umschlaggestaltung: Michael Wenserit
Druck und Verarbeitung: Ebner Ulm
Printed in Germany

VORWORT

„Was ist eigentlich aus Onkel Flint geworden?" fragten die Leute, die mein erstes Buch „Schrei im Wind" gelesen hatten.

Das überwältigende Echo auf dieses Buch überraschte mich. Mein Telefon klingelte ununterbrochen, und eine Flut von Briefen traf ein, in denen sich die Leute nach dem weiteren Schicksal der in dem Buch erwähnten Personen erkundigten. Da wurde mir klar, daß ich meine Schreibmaschine abstauben und die Geschichte fertig erzählen mußte.

In „Schrei im Wind" schrieb ich von dem Kampf meiner Familie. Wir sind Indianer und glaubten an die alten Indianergötter. Eines Tages aber kamen wir mit dem christlichen Glauben in Berührung. In meinem Buch versuchte ich, das Entsetzen und die Einsamkeit zu beschreiben, die uns packte, nachdem wir erkannt hatten, daß unsere Religion Götzendienst war und uns nicht helfen konnte.

Einige Begebenheiten habe ich verschwiegen, weil es mir zu peinlich war, darüber zu sprechen. Da aber so viele Menschen an den Einzelheiten meines Lebens interessiert waren und herzliche Anteilnahme zeigten, habe ich mich entschlossen, meine tiefsten Geheimnisse preiszugeben in der Hoffnung, auf Verständnis und Mitgefühl zu stoßen. Ich habe oft Dinge gesagt oder getan, die ich später bereute. Um die Anonymität der Beteiligten zu wahren, habe ich die Namen einiger Personen und Ortschaften geändert. Ich möchte niemanden kritisieren oder in Verlegenheit bringen. Manchmal habe ich die Zeitangaben geändert, um die Geschichte interessanter zu gestalten. Die Ereignisse selbst jedoch sind so wiedergegeben, wie sie sich meinem Gedächtnis eingeprägt haben.

Wenn Ihnen manches seltsam, unmöglich oder einfach lächerlich vorkommt, dann denken Sie bitte daran, daß ich mich als Neubekehrte ohne Bindung an eine Gemeinde nur sehr langsam entwickeln konnte. Es war oft schwer, den richtigen Weg zu finden. Wie dem auch sei, alle in diesem Buch beschriebenen Ereignisse sind wahr und betreffen entweder mich selbst oder meine Familie.

Ich bin meinen Freunden und meinem geduldigen Mann sehr dankbar, daß sie mir geholfen haben, zu wachsen und meinen Platz in dieser Welt zu finden.

Schrei im Wind

1

Schüsse krachten. Wo die Kugeln in das ausgetrocknete Erdreich einschlugen, wirbelte der Staub auf. Ich blieb wie angewurzelt stehen. Eine einzige unvorsichtige Bewegung konnte mich das Leben kosten. Zwei weitere Schüsse böllerten durch das Tal, und wieder wirbelte der Staub um meine Füße.

Da – ein durchdringender Schrei: „Heute ist ein herrlicher Tag zum Sterben!" Ein junger Indianer preschte in halsbrecherischem Galopp heran und brachte sein Pferd einen knappen Meter von mir entfernt zum Stehen.

Der Indianer trug nur Blue jeans und Mokassins. Seine dunkle Brust war der Sonne ausgesetzt, und das lange, schwarze Haar fiel ihm wirr über die Schultern. Im Gürtel steckte ein Revolver, und in der rechten Hand hielt er seine Flinte. Er warf das rechte Bein über den Hals des Pferdes und ließ sich gewandt zu Boden gleiten. Das Tier begann zu grasen.

Mein Revolver lag kalt und schwer in meiner Hand, als ich ihn aus dem Halfter genommen hatte.

„Ist heute wirklich ein herrlicher Tag zum Sterben?" fragte ich.

Der Indianer lachte, bückte sich nach einer leeren Flasche und balancierte sie auf dem Kopf. Ich drückte den Abzug. Eine Kugel zerschmetterte die Flasche in tausend winzige Teilchen. Onkel Flint lachte und schüttelte sich die Glassplitter aus seinem dichten, schwarzen Haar.

„Gut getroffen, Schrei im Wind! Jetzt bin ich an der Reihe!"

Ich hob eine leere Konservendose auf und hielt sie in

Ich drückte den Abzug

meiner Hand. Augenblicklich zog mein Onkel den Revolver aus dem Gürtel und schoß. Die Dose flog in die Luft. Er drückte noch einmal ab, und sie fiel durchlöchert zu Boden. „Ich wollte, es wäre Jagdzeit!" seufzte Flint und jagte Kugel um Kugel in die Büchse. „Früher wußte man nichts von Jagdsaison. Wenn man Hunger hatte, schoß man sich etwas und aß es. Ich habe es satt, auf Büchsen zu schießen – und auf dich!" fügte er mit einem schiefen Lächeln hinzu.

„Gehst du wieder auf Bärenjagd?" fragte ich.

„Ja, ich habe eine Menge Fährten in der Nähe der Farm entdeckt. Kommst du mit?"

Ich schüttelte den Kopf. Nichts fürchtete ich mehr als Bären, weil ich überzeugt war, daß mich eines Tages einer umbringen würde.

Flint warf eine andere Konservendose in die Luft. Ich griff nach seinem Gewehr und drückte ab. Er hob die Dose auf und betrachtete das Loch.

„Du bist einer der besten Schützen, die ich kenne, Schrei im Wind", sagte er anerkennend.

Stolz erfüllte mein Herz. Es kam selten vor, daß mich mein Onkel lobte.

„Du hast mir ja bereits mit fünf Jahren das Schießen beigebracht. Und mit acht hast du mir das erste Gewehr geschenkt", erinnerte ich ihn.

„Stimmt! Und dein erstes Opfer war Großvaters Lastwagen!" rief er und lachte schallend.

Ich wollte, er würde das endlich vergessen! Großvater hatte mich geschlagen, weil ich meine Hausarbeiten nicht gemacht hatte, und voller Zorn durchlöcherte ich seinen alten Lieferwagen. Der war danach nicht mehr zu gebrauchen gewesen, blieb im Garten liegen und verrostete – eine ständige, böse Erinnerung an meinen Wutausbruch.

Bestrebt, das Thema zu wechseln, rief ich: „Ich glaube, wir haben über tausend Kugeln miteinander verpulvert!"

„Kann sein! Man darf nie aufhören zu üben. Eines Tages kann dein Leben davon abhängen, wie gut du mit deinem Gewehr umgehen kannst."

„Naja, früher war das so – heute ist es anders", antwortete ich.

„Anders?" brauste er auf. „Die Zeiten ändern sich, die Menschen aber nicht. Die Menschen sind gefährlich. Sie sind noch genauso wie vor hundert Jahren, und sie werden auch in hundert Jahren noch dieselben sein. Merk dir eines, Schrei: Laß dir nie im Leben dein Gewehr wegnehmen, denn es könnte sein, daß eines Tages dein Leben davon abhängt. Ein Indianer ohne Gewehr ist nur ein halber Mensch." Flint lud sein Gewehr nach. „Hier gibt es zu viele Gesetze. Ich kann nicht mehr atmen! Ich möchte frei sein! Kürzlich hörte ich, daß man die Indianer in Kanada besser behandelt als hier. Glaubst du, daß das stimmt?"

„Ich weiß es nicht. Schlechter könnte man sie ja kaum noch behandeln, vermute ich."

„Ich will fort – irgendwohin. Vielleicht zurück ins Reservat. Kann sein, daß ich dort etwas tun kann – vielleicht finde ich dort sogar die Freiheit!" Ein Hoffnungsschimmer glomm in seinen Augen auf.

„Was macht Herbstrose, deine Freundin?" erkundigte ich mich.

Herbstrose war eine Pawnee-Indianerin, die Flint im Krankenhaus kennengelernt hatte. Sie pflegte ihn nach einem schweren, beinahe tödlichen Autounfall gesund, und er hatte sich prompt in sie verliebt.

„Wir treffen uns nicht mehr. Sie wollte um jeden Preis einen Christen aus mir machen. Ich hätte unseren alten Indianergöttern absagen müssen. Nicht einmal Herbstroses wegen möchte ich aufhören, ein echter Indianer zu sein. Sie ist Indianerin, sie sollte das doch verstehen!" rief er bitter.

Ich schwieg. Ich war erst seit wenigen Wochen ein

Christ und wußte, wie schwer es ist, die alten Götter und den altgewohnten Lebensstil aufzugeben. Es war ein nervenaufreibender Kampf. Obwohl ich Jesus Christus als meinen Erlöser angenommen hatte, griff die Vergangenheit immer wieder nach mir. Von Zeit zu Zeit rief mich mein alter indianischer Gott, der Wind, beim Namen, und ich war versucht, ihm zu antworten. Ich hatte im christlichen Glauben erst ganz oberflächlich Fuß gefaßt und fühlte mich oft bedrückt, verängstigt und einsam.

„Ich möchte ein Indianermädchen heiraten, das mich so läßt, wie ich bin, und nicht immerzu versucht, mich zu ändern. Eine gute, gehorsame Frau, die mir viele Söhne schenkt, die alt und dick wird und mich in meinen alten Tagen wärmt", nickte er zufrieden vor sich hin.

„Und ich will einen kräftigen, schönen Indianer heiraten, mit Armen so stark wie Eichenbalken und Haaren so lang und schwarz wie die Schwingen des Raben. Er muß tiefliegende Augen wie der Adler haben und Wildleder und Perlen tragen!" rief ich. Mein Herz sehnte sich danach, daß eines Tages ein solcher Mann zu mir kommen möchte. Ein Krieger mit Namen Winterfalke oder Springender Wolf oder Feuerauge.

„Flint, weshalb passen wir zwei nicht in diese Welt?" fragte ich ihn zum tausendsten Mal. „Was ist bloß verkehrt an uns?"

„Nichts ist verkehrt; wir sind nur anders. In unserem Blut schlägt die Kriegstrommel, in deinem und meinem Herzen brennt ein gefährliches Feuer. Manchmal ist es nur ein winziges Flämmchen, doch plötzlich kann eine verheerende Feuersbrunst daraus entstehen, die alle Vernunft, alle Vorsicht niederbrennt und uns der Zerstörung preisgibt. Du und ich, wir gehören zu denen, die auf verlorenem Posten stehen. Wir werden gehetzt und gejagt. Ich sehe das Feuer in dir, wenn du zornig bist. Deine Augen blitzen. Dann bist du wie ein wildes Tier. Wenn man dich in die Enge triebe, würdest du bis zum letzten Atemzug kämpfen – aber niemals aufgeben."

„Du irrst dich!"

„Nein, ich täusche mich nicht. Ich kenne dich, weil ich mich selbst kenne – wir sind von der gleichen Art." Er kickte einen Stein aus dem Weg. „Ich kämpfe bis aufs Blut. Bin genug herumgestoßen worden! Würde es noch wie früher sein, wäre ich bestimmt ein Krieger", seufzte er.

Wieder legte er das Gewehr an und drückte blitzschnell ab – sechsmal, aber es war wie ein einziger Schuß. „Heute gibt es weder Ruhm noch Freiheit – nur noch Regeln und Gesetze. ‚Das ist verboten und jenes darf man nicht!' Ich kann das nicht mehr ertragen!"

Damit warf er mir eine leere Dose zu. „Auf den Kopf!" befahl er.

Die Angst, als Feigling angesehen zu werden, war größer als die Furcht vor dem Tod. Ich gehorchte. Mühelos schoß er mir die Büchse vom Kopf. Wir waren beide ausgezeichnete Schützen und verfehlten nie das Ziel. Und wenn auch – das Leben bedeutete uns nicht viel. Wir hatten sehr wenig, für das es sich zu leben lohnte. Beide waren wir einsam und ohne Zukunft. Der Tod schreckte uns weniger als das Leben.

Meine sieben Onkel waren meine einzigen Angehörigen, denn meine Eltern hatten mich nach der Geburt verlassen, und Großmutter hatte für mich gesorgt bis zu ihrem Tod. Das war kurz nach meinem fünfzehnten Geburtstag. Seither war ich auf mich selbst angewiesen, arbeitete da und dort und verdiente gerade genug, um mich über Wasser zu halten.

Flint und ich hatten oft harte Auseinandersetzungen miteinander, und mehr als einmal schlug er mich, weil ich die Kirche des weißen Mannes besuchte und mich von den alten Göttern abgewandt hatte. Nach seiner Begegnung mit dem Tod kamen wir uns wieder näher und vermieden alles, was unser Verhältnis hätte trüben können.

Kurz nach Großmutters Tod hatten meine sieben Onkel das Reservat verlassen. Ein Onkel nahm sich das Leben, ein anderer saß wegen eines Bankraubs hinter Gittern. Onkel Kansas geriet immer in irgendwelche Schwierigkeiten, und zwei andere waren verschwunden und ließen nichts mehr von sich hören.

Mein Lieblingsonkel, Cloud, war nach Oregon gezogen, hatte sich dort verliebt und war Christ geworden. Er arbeitete als Hüter in einem Wildpark. Nur Flint und ich waren zurückgeblieben.

Er und ich saßen nun auf und ritten zur Ranch zurück, auf der er arbeitete. Langsam ließen wir die Pferde auf dem ausgetretenen Pfad gehen. Keiner von uns hatte es eilig.

„Schrei im Wind", unterbrach er plötzlich die Stille. „Wir wollen nach Hause gehen."

„Nach Hause? Wir sind doch nirgends zu Hause!" antwortete ich resigniert.

„Ich meine das Reservat der Kickapoo. Komm, wir wollen dorthin zurückkehren!"

„Meinst du das wirklich ernst?" fragte ich ungläubig. Wollte er sich über mich lustig machen?

„Morgen gehen wir! Ich hole dich beizeiten ab. Pack deine Sachen, du wirst nie mehr zurückkommen. Wir gehen in die Freiheit!" Er stieß einen wilden Schlachtruf aus und gab dem Pferd die Sporen, daß es wie der Wind dahinflog.

Da jauchzte auch ich und ließ meinem Pferd die Zügel schießen. Bald würden wir frei sein!

Mein Pferd blieb weit hinter Flint zurück, so konnte ich ihn gut beobachten. Die Sonne spiegelte sich auf seinem nackten Rücken. Seine Muskeln waren so gespannt wie die des Pferdes. Es war, als ob die beiden um ihre Freiheit rannten.

Freiheit! War das möglich? Konnten wir zurück ins

Reservat und dort tatsächlich leben, wie es uns paßte?

Begeisterung erfüllte mich. Ich legte mich auf den Rücken meines Pferdes und trieb es an, bis wir Flint eingeholt hatten. Seite an Seite galoppierten wir dahin, lachend und johlend, erfüllt von der Hoffnung auf ein neues, freies Leben.

Abends packte ich meine wenigen Habseligkeiten in einen Pappkarton und rüstete mich zum Gehen. Ich besaß nicht viel. In einer Viertelstunde war alles eingepackt.

Ich wollte meinen Chef anrufen und ihm sagen, daß ich morgen nicht mehr zur Arbeit kommen wolle, aber dann ließ ich es bleiben – ich wollte ihn nicht stören. Vermutlich hätte er mich ohnehin bald entlassen. In diesem Jahr hatte ich schon achtmal die Stelle gewechselt.

Ich zog den Ledermantel mit den Fransen an und ging zur Kirche, um mich von Pastor McPherson und Audrey, seiner Frau, zu verabschieden. Sie waren meine besten Freunde geworden und standen mir helfend zur Seite, wann immer ich sie brauchte. Sie hatten mir von Jesus erzählt, und dies hatte mein Leben verändert. Es würde nicht leicht sein, von den einzigen Freunden, die ich je besessen hatte, Abschied zu nehmen.

Gleich als ich eintrat, merkten sie, daß ich etwas Besonderes vorhatte. Ich faßte mich kurz und verlor keine Zeit mit belanglosem Geplauder.

„Ich bin gekommen, um mich zu verabschieden", sagte ich.

„Verabschieden?" fragte Audrey.

„Wohin gehst du?" Pastor McPherson schloß die Bibel und faltete die Hände. Ich hatte mich schon oft von ihm verabschiedet, seit wir uns das erstemal getroffen hatten, und war dann doch nach wenigen Tagen oder Wochen wieder zurückgekommen.

„Flint und ich gehen zurück ins Reservat. Für immer! Ich werde Sie nicht mehr wiedersehen, aber ich will Ihnen schreiben und erzählen, wie es mir geht." Damit versuchte ich, den Abschiedsschmerz zu lindern.

„Was willst du dort machen, Liebes?" fragte Audrey mit bekümmerter Miene.

„Oh – ich weiß noch nicht. Vielleicht ein wenig jagen, etwas Landwirtschaft betreiben. Es wird schon irgendwie gehen!"

„Glaubst du wirklich, daß das für dich das beste ist? Dein Onkel Flint, wird er –" Die Stimme versagte ihr. Sie dachte wohl an die furchtbaren Szenen, die wir einander in den vergangenen Monaten öfter gemacht hatten.

„Ooch, er ist jetzt sehr nett. Wir streiten uns nicht mehr."

„Aber gibt es denn in eurem Reservat eine Kirche? Du mußt doch im christlichen Glauben wachsen. Du darfst nicht mehr zu deinem Windgott zurückkehren, hörst du? Du bist erst seit wenigen Wochen Christ und brauchst christliche Freunde und eine Gemeinde!"

„Keine Angst! Ich nehme die Bibel mit, die Sie mir gegeben haben, und ich werde darin lesen, auch wenn ich nicht zur Kirche gehen kann."

Audrey ließ die Schultern hängen. „Schrei im Wind, du mußt aufpassen. Gott hat für dein Leben einen Plan. Du darfst diesen Plan nicht durchkreuzen. Du kümmerst dich ja gar nicht um deine Zukunft; du machst nie Pläne!"

„Natürlich habe ich einen Plan", widersprach ich. „Ich gehe zurück ins Reservat."

„Und nachher?"

„Dann wollen wir überlegen, was als nächstes kommt", gab ich zurück und hoffte, Audrey würde mir nicht den üblichen Vortrag über den Wert einer sicheren Stelle mit guten Zukunftsaussichten halten. Sie konnte nicht verstehen, weshalb ich es an einer Stelle nicht länger als zwei Monate aushielt und weshalb ich meine Wohnung alle vier Monate wechselte. Sie wußte nicht, was es hieß, ruhelos und einsam zu sein. Sie war eine gute Freundin, aber sie verstand die Indianer nicht.

„Kind, mußt du wirklich gehen? Das kommt so plötzlich. Kannst du dir die Sache nicht noch einmal überlegen? Du hast jetzt eine gute Stellung, und deine Wohnung ist so nett eingerichtet", wandte sie ein.

„Die Arbeit gefällt mir nicht, und die Miete habe ich nur bis Ende dieser Woche bezahlt."

„Ach, mein liebes Kind! Wann wirst du endlich seßhaft werden?"

„Niemals, vermute ich. Der Wind ruft mich, und ich antworte ihm. Ich muß frei sein! Wissen Sie nicht, daß sogar der Name meines Stammes, Kickapoo=Wanderer bedeutet?"

„Aber du bist ein junges Mädchen! Bei einem Mädchen ist das anders. Du kannst nicht einfach immer wieder packen und auf und davonlaufen!"

„Ich werde bei Onkel Flint bleiben."

„Aber – ach, Schrei im Wind!" seufzte sie.

„Wir gehen, um die Freiheit zu suchen", erklärte ich.

Nun mischte sich Pastor McPherson ein. „Freiheit kann man nicht suchen. Man trägt sie im Herzen. Wem gehört dein Herz, Schrei im Wind?"

„Dem Wind." Ich wußte, daß ich hätte sagen sollen: „Mein Herz gehört Gott." Aber es ist schwer, alte Wege zu verlassen.

„Wenn du irgend etwas brauchst, mußt du uns schreiben oder telefonieren. Wir werden dir helfen, so gut wir können. Wir bleiben deine Freunde, und du kannst zu uns kommen, wann immer du willst." Pastor McPherson schüttelte mir die Hand.

„Wir werden dich vermissen, Schrei im Wind, aber wenn es dich glücklich macht, wünschen wir dir gute Reise und viel Erfolg", sagte er.

Audrey umarmte mich und sagte mit Tränen in den

Augen: „Gott segne dich! Und vergiß uns nicht!"

„Ich werde schreiben, sobald wir dort sind", versprach ich und lief in die Nacht hinaus. Ich mußte weg von ihnen, bevor der Kloß in meiner Kehle noch größer wurde. Ich vermißte sie jetzt schon! Schließlich verdankte ich ihnen mein Leben. Als ich mich einmal so allein und verlassen gefühlt hatte, wollte ich meinem Leben ein Ende machen. Sie hatten mich gerettet. Mit so vielen Problemen hatte ich mich an sie gewandt. Ich würde ihren Rat und ihre Freundschaft sehr vermissen, und ich wußte nicht, wie weit mich meine Schwingen tragen würden.

2

Als Flint im Morgengrauen vorfuhr, saß ich schon vor der Tür. Schnell verstaute ich den Karton hinten im Wagen und kletterte auf den Sitz neben ihm.

„Ist das alles, was du hast?" Er deutete mit dem Daumen auf meine Schachtel.

„Ja, ich habe nicht viel. Wo sind denn deine Klamotten?"

„Ich habe noch weniger als du! Das meiste habe ich angezogen, und der Rest liegt unter dem Sitz. Wie kommt es bloß, daß wir so schwer arbeiten und es doch zu nichts bringen?"

„Keine Ahnung", sagte ich achselzuckend. „Vielleicht geben wir unser Geld zu schnell wieder aus? Ich habe nie begriffen, daß es Leute gibt, die noch etwas auf die hohe Kante legen können. Ich bin immer pleite."

„Na, mach dir deshalb keine Sorgen. Wenn wir wieder im Reservat sind, machen wir es besser." Er ließ den Motor an, und der Wagen ratterte die Straße hinunter nach Hause!

Dreizehn Stunden später fuhren wir im Reservat ein, müde, schmutzig und hungrig.

Als der Wagen schwankend und keuchend über den schmalen, versumpften Weg zuckelte, legte sich unsere anfängliche Begeisterung. Das Reservat wirkte verlassen. Die meisten der schäbigen Zweizimmer-Holzhütten standen leer. Kein Tier war zu sehen – Unkraut hatte die Weiden überwuchert.

„Wo sind nur all die Leute geblieben?" flüsterte ich.

Flint fuhr durch die hinteren Sträßchen, an denen

unsere Freunde und ihre Familien gewohnt hatten. Aber auch hier war kein Mensch zu sehen.

Endlich entdeckten wir einen alten Mann, der mit einem Maulesel pflügte. Flint hielt den Wagen an und stapfte über das frisch gepflügte Feld auf den Alten zu.

Ich sah, wie der alte Mann auf alle Fragen den Kopf schüttelte. Nach kurzer Zeit kehrte Flint zum Wagen zurück.

„Alle sind entweder gestorben, weggezogen oder ins Reservat nach Oklahoma gegangen. Der alte Mann erzählte mir, daß nur noch etwa fünfzig Familien hier geblieben seien. Meistens alte Leute wie er, die zu schwach und zu alt seien, um noch einmal von vorne anzufangen. Er meinte, wir sollten uns einfach ein leeres Haus suchen und dort einziehen." Flint sah längst nicht mehr so glücklich aus wie noch vor kurzem.

„Was machen die Banakees?" erkundigte ich mich.

„Alle gestorben."

„Und wie steht's mit den Cadues?"

„Genauso – alle tot."

„Die Familie von Charlie Big Horse?"

„Ist nach Oklahoma umgezogen, ins Reservat. Ich glaube, wir finden hier keinen einzigen mehr, den wir kennen", seufzte Flint.

„Hast du je in Erfahrung gebracht, wie es den Indianern ergangen ist, die das Reservat verlassen haben?"

„Wahrscheinlich gehen sie in der Menge unter. Sie ändern ihre Namen, schneiden die Haare kurz, kaufen sich einen neuen Anzug und bilden sich ein, wer weiß, was zu sein, nur kein Indianer."

„Flint" – ich schluckte. „Mich hat man auch einmal für eine Weiße gehalten", bekannte ich beschämt. „Ich habe Kleider getragen wie alle anderen, habe mir die Haare heller gefärbt und meinen Namen geändert."

„Und was ist dann geschehen?" fragte er.

„Es war schrecklich. Ich habe ausgesehen wie eine Mißgeburt, habe mir ein paar Feinde zugezogen und fühlte mich miserabel! Das Schlimmste kam nachher. Als ich wieder bei Verstand war und erkannte, wie dumm ich mich benommen hatte, entschloß ich mich, wieder ich selbst zu werden. Da wollten mir die Leute, die mich als Weiße kennengelernt hatten, nicht glauben, daß ich Indianerin bin. Auch jetzt noch sagen sie oft: ‚Ich kenne Sie doch – Sie sind ja gar nicht Schrei im Wind. Sie sind ein weißes Mädchen und heißen Linda. Weshalb versuchen Sie denn, Indianerin zu sein?' Die Leute wußten nicht mehr, was sie von mir halten sollten. Einige sagten, ich sei Indianerin, andere meinten, ich sei eine Weiße. Vermutlich haben beide recht, denn ich bin ja ein Halbblut. Das beweist, daß man nie alles über einen Menschen wissen kann! Man kennt nur das Äußere, das, was der Mensch zeigen will." Ich schämte mich. „Ich wollte, ich wäre mir selbst treu geblieben und hätte nicht versucht, jemand anders zu sein."

„Ich kenne das. Mein Freund Black Hawk erzählt den Leuten, er sei Mexikaner und heiße José González. Er findet, es sei besser, Mexikaner als Indianer zu sein."

„Ist es wirklich besser?" erkundigte ich mich.

„Er säuft sich noch zu Tode. Vermutlich ist das die Antwort", meinte er grimmig. „Aber jetzt sollten wir uns ein Haus aussuchen und einziehen, bevor es dunkel wird." Er fuhr durch ein enges, schmales Sträßchen und blieb nach kurzer Zeit vor einem alten Haus stehen.

Wir stiegen aus und gingen hinein. Ein Rattenschwarm stob auseinander, und ich flüchtete mich entsetzt in den Wagen.

„Hier bleibe ich nicht", rief ich enttäuscht.

„Es wird dunkel. Du kannst im Wagen schlafen, und ich lege mich auf die Ladebrücke. Morgen suchen wir uns dann etwas Besseres."

Flint kletterte in den Lieferwagen und zog den Mantel über die Schultern. Ich kuschelte mich in meine Wolldecke, paßte auf, daß sich meine Füße nicht ins Lenkrad verirrten und mein Kopf nicht an die Tür bumste. Fast reglos blieb ich auf dem Sitz liegen. Nein, so hatte ich mir unsere Heimkehr nicht vorgestellt. Ich war froh, daß mich die McPhersons jetzt nicht sehen konnten, und wünschte mir sehnlichst ein weiches, warmes Bett und etwas zu essen.

Ich guckte durch die Windschutzscheibe und beobachtete die Sterne, die sich einer nach dem anderen hervorwagten. Endlich entschied sich auch der Mond, aufzuwachen und zum Himmel emporzuklettern. Es war Neumond. An der Spitze der schmalen Sichel hätte man sein Pulverhorn aufhängen können, und es wäre trocken geblieben. Der Regen würde während der ganzen Nacht im Himmel bleiben. Ich war froh darüber, denn Flint hatte schließlich kein Dach über dem Kopf.

Endlich wurde ich schläfrig, faltete meine Hände und betete: „Gott, hier spricht Schrei im Wind. Hast du bemerkt, daß ich ins Reservat zurückgekommen bin? Hilf Flint und mir. Gute Nacht." Ich hatte keine Übung im Beten und kannte Gott erst sehr oberflächlich, deshalb waren meine Gebete kurz und bündig.

Am nächsten Morgen schickte mich Flint auf Hasenjagd. Hasen sind leicht zu fangen. Sie rennen ein Stück weit, bleiben kurz stehen und rennen weiter. Das tun sie dreimal, und nach dem vierten Halt machen sie eine scharfe Wendung nach rechts oder links. Man muß ihnen nicht nachlaufen, man muß sie nur überlisten. Nach einigen mißglückten Versuchen konnte ich einen packen und brachte ihn zu Flint. Wir brieten ihn am offenen Feuer. Es war zwar ein mageres Häschen, aber wir hatten doch wenigstens ein Frühstück.

Danach fuhren wir durch die schmalen Straßen, und gegen Mittag fanden wir schließlich ein Haus, das wohl noch nicht sehr lange leer stand. Wir zogen ein, bevor es die Ratten in Beschlag nehmen konnten. Das Haus bestand aus drei kleinen Zimmern ohne Möbel, ohne Wasser und ohne Strom. Flint ging in den kleinen Laden und kaufte ein paar Lebensmittel und verschiedene Kleinigkeiten. Bis zum Abend waren wir ganz passabel eingerichtet und genossen das warme Abendbrot.

Am anderen Tag fand Flint Arbeit als Zureiter auf einer Farm in der Nähe, und ich begann einen Garten anzulegen. Wir hatten nun ein Zuhause und wollten hier bleiben. Alles ließ sich gut an, und ich konnte den McPhersons schreiben, daß sie sich um mich keine Sorgen zu machen brauchten.

Ein paar Tage später pflanzte ich Zwiebeln im Garten. Flint fuhr in den Hof und bremste scharf, eine riesige Staubwolke aufwirbelnd. Er rief durchs Wagenfenster: "Schrei, ich weiß, wie du dir im Handumdrehen zwanzig Dollar verdienen kannst!"

"Wenn das so einfach ist – warum verdienst du sie dann nicht selbst?" lachte ich. Flint fand immer eine Möglichkeit, rasch zu Geld zu kommen, aber es wollte dann doch damit nicht so richtig klappen.

"Auf der Farm, auf der ich arbeite, ist ein junges Füllen, das man zureiten sollte. Ich bin für das Tier zu schwer. Der Farmer sucht einen leichten Reiter, wenigstens für den Anfang."

"Nein, danke! Ich erinnere mich noch lebhaft an das Rennen mit den wilden Eseln. Du sagtest, es sei ein Kinderspiel, das Rennen zu gewinnen. Aber der Esel, den ich ritt, lief überallhin – nur nicht dahin, wo ich wollte! Ich war die letzte im Ziel. Nein, auf dieses leichtverdiente Geld verzichte ich lieber!"

"Diesmal ist es anders. Es ist ein reizendes, kleines, braunes Füllen. Du wirst nicht die geringste Mühe haben, im Sattel zu bleiben. Du hast Donnerhuf geritten, als wäre sie ein Stück von dir. Ich weiß, daß du dieses Pferd meistern wirst."

Ich erinnerte mich an Donnerhuf. Vor langer Zeit war sie verendet. Seit damals hatte ich nicht mehr oft auf einem Pferd gesessen. Flint deutete mein Schweigen als Zustimmung.

„Jetzt ist der beste Augenblick! Komm, wir gehen zur Ranch und probieren es!" rief er und öffnete den Wagenschlag.

Eine Stunde später saß ich auf der Einfriedung des Pferchs und beobachtete das kleine Füllen. Es wirkte gar nicht so klein und schien älter zu sein als ein Füllen.

„Flint, ich möchte lieber darauf verzichten. Das Pferd sieht böse und tückisch aus", sagte ich und rutschte vom Zaun herunter.

„Das Pferd ist lammfromm!" protestierte Flint. „Du mußt ihm nur zeigen, wer die Zügel in der Hand hat. Komm her, Schrei! Du benimmst dich ja wie eine ängstliche alte Tante!"

Flint tätschelte den Hals des Braunen. Der warf unwillig den Kopf zurück und schlug aus.

„Der gefällt mir nicht, Flint. Er wird mich garantiert abwerfen!"

„Es ist doch nur ein kleines Pferd. Sitz auf und reite ein paarmal um den Pferch, damit er weiß, wie es ist, wenn man jemand auf dem Rücken hat. Dann kannst du dir die zwanzig Dollar holen, und wir fahren in die Stadt. Übrigens – ich habe dem Boß schon gesagt, daß du ihn reiten wirst."

Langsam ging ich auf das Pferd zu und strich ihm über den Rücken. Es zitterte und schnaubte. „Wie heißt er?" fragte ich.

„Spielt doch keine Rolle! Das brauchst du gar nicht zu wissen, wenn du einmal mit ihm eine Runde drehst", entgegnete er ungeduldig.

„Wie heißt er, Flint?"
„Wirbelsturm!"
„Wie bitte? Ich glaube, du bist verrückt! Ich steige doch nicht auf ein Pferd, das Wirbelsturm heißt!"
„Ist doch nur ein Name! Wir könnten ihn ja auch Puderquaste nennen, wenn dir das lieber ist. Eine stumme Kreatur kennt ihren Namen ohnehin nicht."

Ich tätschelte das Pferd, schwang mich auf den ungesattelten Rücken und ließ mir von Flint die Zügel geben.

Das Pferd bockte und wich zurück. Dann legte es die Ohren zurück, und ich stieß ihm meine Knie in die Flanken. Wirbelsturm preschte vor und schlug dreimal nach hinten aus. Dann schien er sich plötzlich an seinen Namen zu erinnern, wirbelte herum und schlug mit allen Vieren gleichzeitig um sich. Er duckte den Kopf zwischen die Vorderbeine, sein Hals verschwand und ich flog in hohem Bogen über ihn hinweg. Mein Kopf schlug hart am Boden auf, und ich flog quer durch den Pferch, bis mich ein Zaunpfosten aufhielt. Ich fühlte einen harten Schlag in meinem Nacken und blieb reglos liegen.

Flint nahm die Zügel und band das Pferd an. Dann rannte er zu mir her.

„Schrei! Bist du verletzt?" Er kniete neben mir auf den Boden.

Ich warf ihm einen Blick zu, aber alles um mich her drehte sich. Deshalb schloß ich sofort die Augen wieder. „Mein Hals! Ich habe mir das Genick gebrochen!" schrie ich auf.

„Kannst du dich strecken? Kannst du den Kopf drehen?" fragte Flint.

Ich versuchte den Kopf zu bewegen, aber er tat so weh, daß ich es nicht ertragen konnte. „Es tut so weh, ich kann mich nicht rühren!" Ich spürte, daß mein Kopf auf meiner rechten Schulter lag und die Muskeln an der linken Seite zum Zerreißen gespannt waren.

*Ich flog in hohem Bogen
über ihn hinweg*

„Kannst du Arme und Beine bewegen?" erkundigte sich Flint besorgt.

Ich bewegte Arme und Beine ganz sacht.

„Wenn du dich bewegen kannst, ist dein Genick nicht gebrochen – nur verrenkt. Ich werde es wieder einrenken." Er legte die Hände an meinen Kopf und versuchte, ihn zu drehen.

Der Schmerz war unerträglich, und ich schrie laut: „Nein, nein, laß mich in Ruhe! Flint, mein Genick ist gebrochen!"

„Ist es nicht, du hast nur einen starken Bluterguß. Ansonsten ist alles in Ordnung!" Er hob mich auf und trug mich zum Wagen. Als er versuchte, mich hinzusetzen, wurde mir übel. Er holte mich wieder heraus und legte mich auf die Ladebrücke. „Ich bringe dich nach Hause und stecke dich ins Bett. Dann bist du bald wieder okay."

Als der Wagen durch die schmutzige Straße dem alten Haus zuholperte, tat mir jeder Knochen weh. Auf dem Rücken spürte ich eine Beule, die ständig größer und dikker wurde. „Es könnte doch nicht so furchtbar weh tun, wenn nichts gebrochen wäre", stöhnte ich.

Daheim legte mir Flint heiße, feuchte Tücher auf Hals und Rücken. Mein Hals war immer noch krumm wie ein Angelhaken.

„Flint, wenn es mir je wieder besser geht – wenn – dann bring ich dich um!" zischte ich mit zusammengebissenen Zähnen.

„Ach, es ist doch nur ein Bluterguß! Morgen bist du wieder auf dem Damm. Wirklich, Schrei, du bist ein zäher Brocken!" Er nahm die heißen Wickel weg und betrachtete nachdenklich die Geschwulst am Rücken. „Hm, sollten wir nicht doch einen Arzt rufen?"

„Sieht es so schlimm aus?" Ich war froh, nichts sehen zu können.

„Ziemlich!" Er legte die heiße Packung wieder auf.

„Warten wir eine Stunde. Dann können wir uns entscheiden."

Während der nächsten Stunde sahen wir mindestens fünfzigmal auf die Uhr. Ich hatte wieder einen klaren Kopf, und mein Magen erinnerte mich unsanft daran, daß ich den ganzen Tag nichts gegessen hatte. Flint machte für uns beide Speck und Spiegeleier, und langsam kehrten meine Lebensgeister zurück.

Am Tag darauf blieb ich im Bett. In den folgenden Tagen streckte sich mein Hals ein wenig, und nach einer Woche war mein Kopf wieder dort, wo er hingehörte. Ich sah die Welt nicht mehr krumm.

Flint machte sich keine Sorgen mehr, und nach zwei Wochen suchte er nach einer anderen Möglichkeit, „spielend" zu Geld zu kommen.

Am ersten Sonntag im Reservat zog ich mein bestes Kleid an, nahm die Bibel und marschierte etwa zwei Kilometer bis zu der kleinen Holzkapelle.

Weit und breit war kein Mensch zu sehen. Ich setzte mich unter einen schattigen Baum und wartete auf den Gottesdienstbeginn. Zuerst dachte ich, ich sei viel zu früh, aber dann erkannte ich, daß wahrscheinlich niemand kommen würde.

Ich sah mir die Kapelle genauer an. Die weiße Farbe war abgeblättert. Der Turm beherbergte eine schweigende Glocke, und genau unter dem Kreuz entdeckte ich einige Wörter: „Kickapoo-Bibel-Kapelle".

Die Türen waren zugenagelt. Ich ging rund um das Gebäude und spähte durch die schmutzigen Fenster. Drinnen standen verstaubte Bankreihen, und die Kanzel war umgestoßen. Die Kapelle war leer, offenbar seit Jahren nicht mehr benützt.

„Geschlossen wegen mangelndem Interesse", flüsterte ich vor mich hin. Was war aus all den Leuten geworden, die diese schöne kleine Kirche gebaut hatten? Wo sind sie jetzt? Ich wußte, daß viele der jüngeren Generation wieder zu den alten indianischen Göttern zurückgekehrt waren, aber irgendwo im Reservat mußten doch noch einige Christen leben. Weshalb hatten sie ihre Kirche geschlossen?

Der Anblick der leeren Kapelle stimmte mich traurig. Sie sah wie eine alte, müde Frau aus. Alle ihre Kinder waren ausgeflogen und hatten sie ihrem Schicksal überlassen – dem Tod in der Prärie.

Die verlassene Kapelle

Kleine Kapelle auf weitem Feld,
trotzest den Stürmen, der ganzen Welt.
Traurig und einsam stehst du hier,
Ort des Gebetes bist du mir.

Hochzeit und Taufe, Trauer und Freud
lösten sich ab in vergangener Zeit.
Nun dringt der Staub durchs zerbrochene Tor,
und die Erde bringt nur noch Unkraut hervor.

Die Bänke hier – einst voll besetzt,
sind leer, niemand sie schätzt.
Die Leute sind fort, die Häuser leer,
kaum einige Alte kommen her.

Das alte Holzkreuz noch tapfer steht,
zum Gruß dem Fremden, der vorübergeht.
Niemand tritt mehr zum Beten ein,
du bleibst verlassen, bleibst allein.

Kleine Kapelle auf weitem Feld,
trotzest den Stürmen, der ganzen Welt.
Traurig und einsam stehst du hier,
Ort des Gebetes bist du mir.

Die verlassene Kapelle

3

Obwohl wir mittlerweile einige Monate im Reservat lebten, kannten wir nur wenige Leute. Deshalb war ich sehr erstaunt, als es eines Abends spät an unserer Tür klopfte. Ein unbekannter Mann mit einem Papiersack voll frischem Gemüse stand draußen.

„Ist dein Onkel da?" fragte er, wobei er einen suchenden Blick über mich hinweg ins Haus warf.

„Nein, er ist ausgegangen", antwortete ich und überlegte fieberhaft, ob ich diesen Mann schon irgendwo gesehen hatte.

„Er hat mich gebeten, das Gemüse zu bringen", murmelte er und streckte mir den Papiersack hin.

Ich öffnete die Tür und wollte den Sack nehmen, aber er ließ ihn plötzlich fallen, und das Gemüse kullerte über den Boden. Dann packte er mich am Handgelenk und stieß mich ins Haus. Sobald wir drinnen waren, ließ er meine Hand los und warf einen schnellen Blick in die Runde, um festzustellen, ob ich wirklich allein sei.

Ich war in einer schrecklichen Lage! Zwei Fehler hatte ich gemacht: Ich hatte ihm gesagt, daß ich allein war, und ich hatte die Tür geöffnet. Wie konnte ich nur so dumm sein! Unauffällig suchte ich einen Gegenstand, der sich als Waffe eignete. Neben dem Ofen stand ein Feuerhaken, aber ich war nicht sicher, ob ich den Mann damit außer Gefecht setzen konnte. Was, wenn ich ihn nicht traf und er mich im Zorn tötete?

Ich trat einen Schritt zurück. „Ach, Sie sind ein Freund meines Onkels? Arbeiten Sie mit ihm zusammen?" fragte ich und versuchte, meiner Stimme Festigkeit zu geben.

„Was sagst du?" Er wandte mir sein Gesicht zu, und ich stellte fest, daß er betrunken war.

„Ich hab gefragt, ob Sie meinen Onkel von der Farm her kennen. Jetzt wird er bald kommen. Er wird sich über Ihren Besuch freuen!" Ich wußte zwar, daß es noch Stunden dauern konnte, bis Flint nach Hause kam, wenn er für den heutigen Abend eine Verabredung hatte. Hoffentlich konnte man mir das nicht vom Gesicht ablesen!

Verzweifelt betete ich – Gott, hilf mir! Gott, hilf mir!

Er tat einen Schritt auf mich zu, und mein Herz stand beinahe still.

„Es ist so heiß hier drinnen. Könnten wir nicht für ein paar Minuten auf die Veranda gehen und frische Luft schnappen?" Ich lächelte ihm zu und ging hinaus. Er folgte mir dicht auf den Fersen, als ich über die Veranda ging.

Jetzt war es draußen ganz dunkel geworden, aber die Lampe im Zimmer leuchtete hell über die Veranda.

„Ach, sehen Sie doch!" rief ich und deutete nach rechts. „Gehört der Hund Ihnen?"

Ohne zu überlegen, drehte er den Kopf. Ich setzte über die Veranda und raste auf den Wald zu.

„Bitte, Gott! Laß nicht zu, daß er mich einholt!" flehte ich und rannte wie noch nie in meinem Leben.

Weit hinter mir hörte ich ihn fluchen, als er mir durchs Unterholz nachtorkelte.

Ich machte soviel Lärm wie nur möglich, als ich durch den Wald rannte. Es war sehr finster, und der Mann war betrunken; wenn er mir weit genug folgte, würde er sich vermutlich verirren. Nun schlich ich weiter, so leise ich konnte. Ich wollte einen Bogen um ihn machen und wieder nach Hause laufen. Er konnte natürlich Glück haben und direkt auf mich stoßen. Oder vielleicht war er gar nicht so betrunken wie ich annahm? Unterschätzte ich ihn?

Geräuschlos schlich ich dem Haus zu. Der Wald lag jetzt hinter mir. Ich rannte über den offenen Hof. Wenn ich nur rechtzeitig ins Haus kam! Endlich stand ich vor dem Fenster meines Schlafzimmers und kletterte hinein. Ich schloß das Fenster und hastete zum Schrank. Obwohl es stockdunkel war, fand ich auf Anhieb meine Flinte.

Nun wartete ich gespannt. Würde er wieder versuchen, ins Haus zu kommen?

Da! Ein Geräusch auf der Veranda! Er war zurückgekommen! Ich beobachtete die Türklinke und wartete, daß sie sich senkte. Ich hörte, wie das Gemüse draußen davonkugelte. Er stand vor der Tür!

Ich holte tief Atem. „Verschwinden Sie sofort oder ich schieße!" schrie ich. Wie der Blitz entsicherte ich mein Gewehr und hielt es schußbereit. „Das ist Ihre letzte Chance!"

Ich zählte bis drei, dann schoß ich durch die Tür und zerschmetterte sie. Einen Augenblick herrschte Stille, dann heulte ein Motor auf. Ein paar Sekunden später blickte ich hinaus und sah einen kleinen Lieferwagen davonfahren.

Ich rannte vor die Tür und schoß auf den Wagen. Bumm! Eines der Schlußlichter splitterte. Bumm! Noch einmal! Leider war er jetzt außer Schußweite. Die Reifen quietschten, und der Wagen war in eine Staubwolke gehüllt. Wieder schoß ich. Bumm! Jetzt war er weit unten auf der Straße. Er fuhr mindestens hundertvierzig Stundenkilometer!

Nun ging ich ins Haus zurück, schloß die Tür und lud das Gewehr – für alle Fälle. Ich atmete erleichtert auf. „Danke, Gott!" war alles, was ich herausbrachte.

Als Flint einige Stunden später nach Hause kam, erzählte ich ihm von dem schrecklichen Erlebnis.

„Nun?" fragte ich, als ich mit dem Bericht fertig war. „Und was wirst du jetzt tun?"

Ich erwartete, daß er sofort seine Flinte holen und dem Mann nachjagen würde.

„Du hast es richtig gemacht", nickte er anerkennend

und zog seine Schuhe aus. „Ich sehe dich eben immer noch als Kind. Hätte nie erwartet, daß ein Mann dich in Schwierigkeiten bringen könnte. Muß in Zukunft ein wachsames Auge auf dich haben", gähnte er.

Ich war enttäuscht. Ich hatte zumindest einen Wutausbruch erwartet – statt dessen zog er sich seelenruhig aus und ging zu Bett!

„Wenn einer gekommen wäre, um deine Kaninchen zu stehlen, hättest du ihm die Nase zerschmettert! Wenn einer mich zu stehlen versucht, rührst du keinen Finger! Also bin ich für dich weniger als ein Kaninchen!" Ich war wütend.

Er lächelte. „Schrei, du bist in Sicherheit! Du hast den Mann vermutlich so erschreckt, daß er unterwegs einen Herzschlag bekommen hat. Wahrscheinlich hast du ihm mehr Angst eingejagt als er dir!"

„Das bezweifle ich!"

„Heute kann ich nichts mehr tun. Morgen will ich mich nach ihm erkundigen. Vielleicht finde ich heraus, wer es war. Dann kann ich immer noch entscheiden, was mit ihm geschehen soll. Aber jetzt komm, vergessen wir ihn und gehen schlafen!"

Ich ging gehorsam zu Bett, konnte aber lange nicht einschlafen.

Am nächsten Abend kam Flint mit einem geheimnisvollen Lächeln zurück. „Heute habe ich einigen Männern zugehört", sagte er grinsend.

„Was haben sie besprochen?"

„Sie haben von einem Mann erzählt, der seinen Lastwagen reparieren muß. Offenbar hat ihm eine Wildkatze ein paar Löcher hineingeschossen", lachte er. „Ich sagte ihnen, daß er von Glück reden könne, daß die Kugeln in seinen Wagen und nicht in sein Hinterteil gefahren seien! Dann fügte ich hinzu, daß, wenn er sich je wieder bei uns zeigen sollte, sein Hinterteil an unsere Scheune genagelt würde – das gelte übrigens für jeden, der sich in bezug auf meine Nichte irgendwelchen Illusionen hingebe." Er warf den Hut auf den Tisch und verschwand. „Kein Mensch wird dich mehr belästigen!"

Am anderen Morgen erregte lautes Hämmern Flints Aufmerksamkeit, und er ging zur Haustür, um zu sehen, was ich machte.

Er blieb hinter mir stehen und las laut, was auf dem Schild stand, das ich anbrachte. „Achtung, bissiger Hund". „Wir haben aber doch gar keinen Hund!" rief er.

„Man braucht keinen Hund, um eine Warntafel anzubringen", erklärte ich und griff in den Papiersack, um drei große Suppenknochen herauszuholen, die ich vor der Warntafel auf den Boden warf.

„Das zieht bestimmt nicht", lachte Flint. „Die Leute fürchten sich doch nicht vor einer Tafel."

„Doch, sie fürchten sich davor." Ich hob Hammer und Nägel auf und ging ins Haus. „Böse Menschen wird sie auf jeden Fall abhalten." Flint folgte mir, immer noch lachend und kopfschüttelnd.

Bevor wir das Haus erreichten, hörten wir es hinter uns hupen. Wir wandten den Kopf. Ein großer, roter Wagen hatte angehalten, und der Fahrer winkte uns zu sich heran.

„Was kann ich für Sie tun?" fragte Flint und ging auf den Wagen zu.

„Ich bin der Vetter von Bright Star. Sie sagte, daß ich bei Ihnen Kaninchen kaufen könne", antwortete der Fahrer.

„Wieviele möchten Sie?" erkundigte sich Flint.

„Vier."

„Kommen Sie mit mir zum Stall, Sie können sich Ihre Kaninchen selbst aussuchen", nickte Flint.

„Nein, danke! Ich laß mich nicht gern von Ihren Hunden auffressen."

„Hunde?" fragte Flint verständnislos.

„Ich hab die Tafel gelesen. Darum hab ich es vorgezogen, zu hupen statt auszusteigen. Ich bin zu alt, um es mit einer Meute wilder Hunde aufzunehmen. Lieber warte ich hier, und Sie bringen mir die Kaninchen." Er gab Flint acht Dollar.

Flint schob das Geld in seine Tasche. „Prima!" flüsterte Flint mir im Vorbeigehen zu. „Es klappt! Die Leute haben Angst vor Warntafeln!"

Flint blieb immer in der Nähe des Hauses, wie er es versprochen hatte. Der Mann, der mich überfallen wollte, kam nie wieder. Trotzdem fühlte ich mich nicht mehr sicher. Ich achtete auf jede Bewegung hinter Büschen, auf Schatten, die ich nicht kannte, und lauschte auf Tritte. Schon vor Sonnenuntergang ging ich ins Haus und schloß die Tür. Ich prüfte sämtliche Schlösser, bevor ich zu Bett ging, und schlief trotzdem oft unruhig. Allmählich wurde mir klar, daß ich allein nicht sicher war. Ein Mädchen allein ist immer in Gefahr. Meine Sicherheit hing von Flints Gegenwart ab. Wenn er mich verließ – was würde dann aus mir werden?

4

Im Garten begann es zu sprießen. Das Getreide stand erst eine Handbreit über dem Boden, als Flint ankündigte, daß die Zeit des Grünkorn-Tanzes und der Palaver gekommen sei.

Begeistert rannte ich am Morgen des großen Tages geschäftig hin und her. Als wir beim Festplatz ankamen, waren schon viele Wagen dort, und eine Menge Indianer rüsteten sich zum Tanz. Wir drängten uns durch das Menschengewühl, um einen Platz zu finden, von dem aus man die Zeremonie gut beobachten konnte.

Flint trug ein neues Westernhemd, und ich hatte mein Wildlederkleid angezogen und Perlen ins Haar gesteckt. Die meisten Indianer trugen zu Ehren des Tages ihre traditionelle Stammeskleidung. Der Grünkorn-Tanz sollte das Korn beschwören, dicht und hoch zu wachsen, um den Leuten genügend Nahrung zu geben, damit sie im nächsten Winter nicht hungern mußten.

Indianer aus verschiedenen Stämmen stellten sich in einer Reihe mit dem Gesicht nach Osten am Rand der Tanzfläche auf. Plötzlich verstummte die Menge und wartete gespannt der Dinge, die da kommen sollten.

Wie ein Trommelfeuer jagten auf einmal etwa fünfzig johlende Kickapoo-Krieger in wildem Galopp über den Hügelkamm.

Mein Herz begann wild zu klopfen. Tränen schossen mir in die Augen beim Anblick der jungen Krieger, die auf halbwilden Pferden, in eine Staubwolke gehüllt, den Berg herabstürmten. Kein Wunder, daß die Kickapoo-Krieger die ersten Siedler in Angst und Schrecken versetzt hatten.

Auch heute noch boten sie einen furchteinflößenden, herrlichen Anblick!

Die wilde Jagd endete mit einem Rennen. Dem Sieger gehörte das Pferd dessen, der als letzter das Ziel erreichte.

Als die Pferde über die weite Ebene jagten, fiel mein Blick auf einen der Reiter, und mein Herz ritt an seiner Seite mit. Er war jung, und seine Arme schienen kräftig wie Eichenstämme. Sein langes, schwarzes Haar flatterte im Wind, und um den Hals trug er ein altes indianisches Perlenband. Er war ein ausgezeichneter Reiter und hatte ein schnelles Pferd, doch er wurde nicht Sieger. Ein Junge auf einem grauen Pferd gewann. Für mich spielte das keine Rolle, denn obwohl der Krieger das Rennen verloren, hatte er doch mein Herz gewonnen.

Den ganzen Morgen versuchte ich, seine Blicke auf mich zu ziehen. Binnen kurzem hatte Flint entdeckt, wem meine besondere Aufmerksamkeit galt.

„Möchtest du ‚Gelber Donner' kennenlernen?" erkundigte er sich lächelnd. „Ich kenne seinen Onkel, der das arrangieren könnte!"

„Woher weißt du, wie er heißt?" murmelte ich vor mich hin – Gelber Donner. Es klang wie Musik in meinen Ohren.

Er lachte. „Er verkauft seine Pferde an die Ranch, auf der ich arbeite. Du kannst von Glück reden, daß du mich als Onkel hast!" erklärte Flint und schien höchst zufrieden mit sich selbst.

Getreu seinem Versprechen stellte er mich Gelber Donner vor. Mein Herz pochte so laut, daß ich glaubte, er müsse es hören, und als ich in seine Augen blickte, wußte ich, daß ich mich zum erstenmal im Leben verliebt hatte. Ganz plötzlich und ohne Vorwarnung hatte es mich gepackt. Es war, als ob ich von einem Felssturz mitgerissen würde. Von diesem Augenblick an war mein Leben für immer verändert.

Gelber Donner

Ich wartete nun jeden Tag auf Gelber Donner. Unzählige Male schaute ich erwartungsvoll aus dem Fenster, und Abend für Abend kämmte ich sorgfältig mein Haar, setzte mich in den Garten und wartete. Bestimmt würde er heute abend kommen!

Ich träumte von unserem gemeinsamen Leben – geheime Träume, die ich tief im Herzen verborgen hielt. Ich war überzeugt davon, daß, wenn ich Gelber Donner von ganzem Herzen liebte, er diese Liebe erwidern würde.

Die Gefühle für meinen schönen Krieger hüllten mich mehr und mehr in Träume, und ich wurde von Tag zu Tag schweigsamer. Eines Tages würde er kommen! Ich mußte nur Geduld haben, warten können. Jeden Tag, jeden Abend wartete ich. Die Wochen vergingen, und meine Gefühle für ihn wurden immer stärker.

Da – eines Abends kam er wirklich! Als er heranritt und sein Pferd an den Zaun band, wußte ich nicht, ob ich träumte oder ob es Wirklichkeit war!

Mit leuchtenden Augen und zitternden Händen eilte ich ihm entgegen.

„Hallo, Singender Wind! Ist Flint zu Hause?" fragte er.

Ich war vernichtet. Er wollte meinen Onkel besuchen, nicht mich! Und er hatte sogar meinen Namen vergessen!

Er ging ins Haus, und die beiden Männer unterhielten sich über den Preis eines Pferdes.

Ich saß auf der abgetretenen Holztreppe und stützte das Kinn in beide Hände. Wie konnte er die Gefühle, die ich für ihn hegte, übersehen? Er mußte blind sein!

Ich ging hinaus, tätschelte seinem Pferd den Hals und beobachtete den Sonnenuntergang. Dann ging ich ins Haus zurück.

Die Stimmen der Männer drangen durch die offene Tür. Ich blieb stehen, weil ich meinen Namen hörte.

„Schrei im Wind hat ein Auge auf dich geworfen, Gelber Donner", sagte Flint.

Die Schamröte stieg mir ins Gesicht. Das hätte er doch nicht sagen dürfen!

„Flint, du bist mein Freund – darum will ich ganz offen mit dir reden. Du und ich, wir sind Vollblut-Indianer. Aber deine Nichte ist ein Halbblut. Wenn sie eine Vollblutindianerin wäre, sähe die Sache ganz anders aus. Ich will nicht, daß einer meiner Söhne Mischling wird. Das Mädchen, das ich wähle, muß eine reinrassige Kickapoo-Indianerin sein."

„Im Herzen ist sie eine Vollblutindianerin, und das ist es ja wohl, was zählt", entgegenete Flint.

„Es ist unsere heilige Pflicht, die Rasse rein zu erhalten und unsere Leute zu schützen", erklärte Gelber Donner.

Dort, im Schatten der einbrechenden Nacht, schoß mir der Mann, den ich liebte, mit seinen Worten mitten ins Herz. Tödlich verletzt ließ er mich liegen, wie einen angeschossenen Hasen. Die Liebe hatte ihren Glanz verloren, und ich blieb verletzt und zerschmettert liegen.

Halbblut! Das würde ich mein Leben lang bleiben!

Ich rannte in den Wald und weinte bitterlich. Meine erste Liebe war gekommen und gegangen, ohne einen einzigen Händedruck, an den ich mich später hätte erinnern können.

Aus der Ferne drangen Hufschläge an mein Ohr.

„Leb wohl, Gelber Donner", schluchzte ich. „Ich werde niemals jemanden lieben außer dir!"

Flint kam heraus und sah sich nach mir um. Ich trocknete meine Tränen, als ich ihn kommen hörte.

„Was machst du hier?" fragte er sanft.

„Nichts". Ich schluckte.

Er schwieg. In weiter Ferne zuckte ein Blitz, und der Donner grollte.

„Du hast uns gehört, nicht wahr?" fragte er.

Ich brach in Tränen aus.

„Ich wollte, ich hätte dich ihm nicht vorgestellt. Vergiß

ihn, Schrei im Wind." Er legte den Arm um meine Schulter. „Komm ins Haus, bevor es zu regnen anfängt."

Er führte mich durch die Dunkelheit dem Hause zu und sprach kein Wort, bis wir die Tür erreichten.

Im Zimmer brannte eine Gaslampe. Ich wollte nicht, daß Flint mein tränenüberströmtes Gesicht sah, deshalb löste ich mich von ihm und setzte mich auf die Treppe. „Ich komm später hinein", schluchzte ich.

Er hielt die Tür auf und fragte sanft: „Es tut weh, nicht wahr?"

„Ja, es tut weh", flüsterte ich.

Er ging hinein, aber bevor er die Tür hinter sich schloß, drehte er sich um und sagte: „Sei stark, Schrei! Bleib immer stark, dann kann dir niemand weh tun!" Er löschte das Licht und ließ mich mit meinem Schmerz allein.

„Ich werde nie mehr jemanden lieben!" Ich wischte mir die Tränen aus den Augen. „Nie mehr! Nie mehr! Ich will stark sein!" gelobte ich und ging ins Haus.

Im Bett lag ich noch stundenlang wach und horchte auf das Tosen des Sturmes, das immer lauter wurde. Ich betete, daß der Schmerz aus meinem Herzen verschwinden möge. Damals wußte ich noch nicht, daß Wunden - geschlagen von denen, die wir lieben - niemals heilen.

Mein Liebeslied

Allein in dunkler Nacht träum ich von dir –
Bei Sonnenaufgang fehlst du mir!
Wenn ich dich seh, dann lacht der Himmel, pocht
mein Herz.
Ist es Freude? Ist es Schmerz?
Du gehst vorbei. Ich senke meinen Blick
und warte – auf das große Glück.
Mein Auge folgt bewundernd deinem Schritt.
Wann endlich – wann nimmst du mich mit?
Und geht die Sonne leuchtend nieder,
dann sucht mein Herz dich immer wieder.
Der Wind trägt deine Stimm' zu mir,
o Gelber Donner, mein Lied gilt dir!
Wir steigen auf Berge, wandern zum See,
ich bring dir Wasser aus geschmolzenem Schnee.
Deine Hand hält mich fest, führt mich sicher und gut.
Der Ring am Finger leuchtet wie Blut.
Mein Fuß im silbergeschmückten Schuh
eilt dir voll Liebe und Wonne zu.
Kannst du mich lieben so wie ich dich?
Nimmst du mich zu dir, Liebster, sprich?
All meine Lieder will ich dir singen,
doch ohne dich gibt es kein Klingen!
Und gehst du fort, dann friert mein Herz.
Der Himmel weint, teilt meinen Schmerz.

Die Wochen vergingen, und meine Tage waren grau und trüb. Unkraut und Ungeziefer machten sich im Garten breit und stahlen mir meine Ernte.

Eines Abends schob Flint den leeren Teller über den Tisch hinweg. „Schrei, es hat nicht geklappt. Hier gibt's auch keine Freiheit. Das Reservat ist noch schlimmer als die Welt draußen. Wir essen Gemüse mit Würmern und hatten schon drei Tage kein Fleisch mehr. Ich kann nur noch ein einziges Pferd zureiten, dann habe ich keine Arbeit mehr. Wir hätten nicht hierher kommen sollen."

Ich gab keine Antwort. Wären wir nicht hierher gekommen, hätte ich Gelber Donner nie kennengelernt. Hätte ich ihn nie getroffen, würde ich den tiefen Schmerz verschmähter Liebe nicht kennen. Ich schloß die Augen, und wieder einmal sah ich ihn vor mir, wie er im gestreckten Galopp über den Hügelkamm ritt, die aufgehende Sonne im Rücken. Gelber Donner mit schwarzem, flatternden Haar, den Kriegsruf auf den Lippen. Gelber Donner –

„Schrei im Wind!"

Flints Stimme holte mich in die Wirklichkeit zurück. Ich räumte den Tisch ab.

„Ich habe gesagt, es hat nicht geklappt. Wir hätten nicht hierherkommen sollen." Er schwieg. „Ich werde wieder weggehen. Und du?"

Weggehen? Gelber Donner nie wieder sehen?

Flint goß sich den restlichen Kaffee ein und räusperte sich.

„Er heiratet demnächst, Schrei. Ein Vollblut, wie er es damals gesagt hat."

Ich ließ die Teller fallen und sie zerschellten am Boden. Mein Herz war in mehr Stücke zerbrochen als das Geschirr.

„Wir haben hier nichts mehr verloren. Wir wollen dorthin gehen, wo wir hergekommen sind", sagte Flint.

„Wann?" fragte ich zitternd und hob die Scherben auf.

„Je eher, desto besser!"

„Heute?" Ich hob den Kopf.

Er sah mich an. „Warum nicht? Pack deine Schachtel!"

Ich vergaß das zerbrochene Geschirr und lief in mein Zimmer. Eine Stunde später waren unsere Habseligkeiten im Wagen verstaut. Flint ließ den Motor an.

Bevor ich einstieg, warf ich einen letzten Blick in die

Runde. Der Mond ging hinter den Bäumen auf, und ich glaubte, das Gesicht von Gelber Donner in ihm zu sehen. „Leb wohl", flüsterte ich ihm zu und schloß die Tür des alten Hauses. Ich wußte, daß ich nie mehr im Leben ins Reservat zurückkehren würde.

Schweigend fuhren wir dahin. Jeder hing seinen Gedanken nach. Flint hatte die gesuchte Freiheit nicht gefunden, und meine Liebe zu Gelber Donner kein Echo. Wir fuhren die ganze Nacht, und am frühen Morgen setzte mich Flint samt meiner Kleiderschachtel vor McPhersons Haustür ab.

Ich klingelte, und Audrey kam heraus.

„Du bist nach Haus gekommen!" rief sie und zog mich hinein.

„Ich hab kein Geld, keine Wohnung und keine Stelle", sagte ich leise.

„Du kannst bei uns bleiben, solang du willst", antwortete sie tröstend, und ich glaubte ihr. Sie trug meinen Pappkarton ins Gästezimmer.

„Du siehst müde aus, Liebes. Möchtest du dich hinlegen?"

„Wir sind die ganze Nacht gefahren", erklärte ich.

„Warum habt ihr es so eilig gehabt?" fragte sie, als sie die Bettdecke zurückschlug.

„Wir sind davongelaufen", antwortete ich und legte mich hin.

„Wovor?"

„Vor einem zerbrochenen Traum", flüsterte ich und schlief ein, bevor sie den Rolladen heruntergezogen hatte.

5

Audrey und Pastor McPherson gehörten nicht zu den Leuten, die nach einem Unglück mit ernster Miene und erhobenem Zeigefinger sagen: „Ich hab dir's ja gleich gesagt!", obwohl sie dazu absolut berechtigt gewesen wären. Sie stellten keinerlei Fragen, und ich war noch zu verletzt, um ihnen von Gelber Donner zu erzählen. Trotzdem hatte ich das Gefühl, sie wüßten Bescheid.

Eine Woche blieb ich bei ihnen, dann fand ich Arbeit als Kellnerin in einem Kaffeehaus. Sie halfen mir, eine Wohnung zu finden, und streckten mir die Miete vor, bis ich den ersten Lohn erhielt.

Ich war wieder genau dort, wo ich aufgehört hatte, nur mit einer Ausnahme: Jetzt wußte ich genau, wie einsam ich war, und die Nachtwinde brachten mir Träume von Gelber Donner.

Flint hatte Herbstrose wieder getroffen und ging sogar mit ihr zur Kirche. Ich war überzeugt, daß er sein Leben bald Gott übergeben und Herbstrose heiraten würde. Für ihn schien alles in Ordnung zu kommen.

Mein Leben aber war eine einzige Enttäuschung. Ich hatte mir vorgestellt, alles laufe wie am Schnürchen, sobald ich Christ wäre. Nichts könne mehr schief gehen, und ich würde mit besonderer Kraft ausgerüstet, die mich vor Schmerz, Einsamkeit und Mutlosigkeit bewahrte. Ich hatte einen magischen Schutzwall um mich her erwartet, der mich vor den Gefahren der Welt abschirmte. Ich hatte auf alle meine Gebete ein Ja erwartet und gehofft, ab sofort vollkommen und fehlerlos zu sein. Ich hatte mir sogar vorgestellt, daß eines Tages ein Millionär im weißen

Cadillac aufkreuzen und mich heiraten werde, und daß ich bis ans Ende meiner Tage glücklich und zufrieden sein würde.

Aber alles war anders geworden. Von einem Millionär war weit und breit nichts zu sehen, ich machte immer wieder Fehler, und manches lief verkehrt. Gott antwortete auf meine Gebete längst nicht immer mit Ja, und oft war ich niedergeschlagen und einsam. Irgendwie war es nicht so gekommen, wie ich es mir vorgestellt hatte.

Zweifel stiegen in mir auf. Vielleicht machte ich etwas falsch. Vielleicht war ich überhaupt nicht wirklich Christ, nicht gerettet worden. Vielleicht war ich nicht gut genug, um Gottes Segen zu empfangen. Vielleicht hatte Gott mir meine Sünden nicht vergeben. Manchmal war ich so niedergeschlagen, daß ich mir wie begraben in einem schwarzen Sarg vorkam. Ich fühlte mich schuldig, weil ich so mutlos war. Christen sollten doch nie mutlos sein, nicht wahr? Und ging es mir nicht wirklich besser als vielen anderen? Ich war gesund, hatte einige Freunde, und das Leben lag noch vor mir. Ich hatte allen Grund, glücklich zu sein. Weshalb fühlte ich mich so elend? Mein Leben war eine Berg- und Talfahrt, ohne ebene Zwischenstrecke. Ich dachte an ein altes Volkslied, das ungefähr so lautet: „Ab hier werden die Berge nicht mehr höher, aber die Täler tief und tiefer." Stimmte das? Gab es keine höheren Gipfel mehr zu erklettern? Wurden die Täler wirklich immer tiefer?

Meine Gedanken verirrten sich auf gefährliche Wege. Allmählich kam ich zu der Überzeugung, daß mir das Leben nichts zu bieten hatte und der Tod mir den Himmel öffnen würde. Wäre es nicht tausendmal besser, in den Himmel zu gehen anstatt sich auf dieser Erde herumzuschlagen? Ich gehörte ja jetzt Jesus, war ein Kind Gottes. Ich hatte vom Himmel gehört, und Gott wäre sicher nicht böse, wenn ich käme, bevor er mich rief. Wieder einmal dachte ich an Selbstmord, aber ich schämte mich meiner Gedanken so sehr, daß ich es nicht wagte, mit jemandem darüber zu sprechen. Früher war es anders gewesen; da hatte ich Jesus nicht gekannt. Jetzt gab es keine Entschuldigung mehr für mein Denken, denn ich wußte es besser. Ich verlor den Sinn für die Wirklichkeit und verlor mich in Träumen, bis meine eingebildete Welt mir wichtiger wurde als alles andere um mich her. In meiner Fantasie schuf ich mir eine Welt, wie ich sie mir wünschte.

Ich ging regelmäßig zur Kirche, las meine Bibel und betete. Trotzdem fühlte ich mich von Gott getrennt, und mein Leben war hohl und leer.

Ich wußte, daß ich mich selbst bedauerte und kam zu der Erkenntnis, daß ich etwas für andere tun mußte, um mich selbst zu vergessen. Ich suchte mir eine Stelle in einem Pflegeheim und war überzeugt, daß ich im Dienst für andere Glück und Zufriedenheit finden würde. Mit großen Plänen und hoffnungsfrohem Herzen begann ich. Frühmorgens ging ich an meine Arbeit, spät abends hörte ich auf. Aber es ging mir immer schlechter. Die Hoffnungslosigkeit einiger Patienten übertrug sich auf mich. Ich erkannte, daß ich weder ihnen noch mir selbst helfen konnte, und nach zwei Wochen gab ich die Stelle auf.

Dann fand ich Arbeit in einer Konditorei. Am zweiten Tag wurde ich entlassen, weil ich mehr Süßigkeiten aß, als ich verkauft hatte. Eine Woche arbeitete ich in einem Souvenirgeschäft. Dort hat man mich hinausgeworfen, weil ich einer Kundin sagte, wo sie die gleichen Sachen um die Hälfte billiger kaufen konnte. Während der nächsten paar Monate wechselte ich beinahe jede Woche die Stelle und zog zweimal um. Ich suchte das Glück am falschen Ort. Ich glaubte, daß man Glück in der Arbeit, an einem Ort oder in einem anderen Menschen finden könnte. Doch ich wußte nicht, daß wahres Glück von meiner Beziehung zu Gott abhing. Gott war unmerklich auf den zweiten Platz in meinem Leben abgeglitten, und ich lief im Kreis herum und sah nicht, was ich falsch machte.

Es war Mitternacht. Jemand klopfte wie verrückt an meine Tür. Ich stand auf und zog mich an. Es mußte einer meiner Onkel sein – kein Mensch sonst würde solchen Krach machen.
Ich riß die Tür auf, und herein stolperten Flint und Onkel Kansas.
Kansas war ein Jahr jünger als Flint. Er hieß eigentlich Kansas Kid, aber wir nannten ihn einfach Kansas. Er war hübsch, aber ungezügelt, und war der Meinung, daß die Gesetze nicht für ihn galten.
„Kansas! Wie schön, daß du kommst!" Ich umarmte ihn.
„Schön? Sogar mitten in der Nacht?" Er lachte.
„Besonders mitten in der Nacht!" Das stimmte. Ich schlief in letzter Zeit nicht gut. Wenn ich zu Bett ging, überfielen mich Erinnerungen, die mir den Schlaf raubten.
„Wo bist du im letzten Jahr gewesen?" fragte ich.
„Überall!" lachte er. „Wyoming, Montana, Arizona, Mexiko. Ich habe Lastwagen gefahren, Pferde zugeritten, gejagt, Fallen gestellt und in fünfzig verschiedenen Städten fünfzig verschiedene Stellen gehabt."
„Was bringt dich denn hierher zurück?" fragte ich.
„Ich wollte sehen, was von meiner armen Verwandtschaft übriggeblieben ist. Du und Flint, ihr seid die Ärmsten der Sippe, ich weiß." Er zog mich an den Haaren. „Wie wär's mit einem Imbiß?"
„Ich kann euch Speck und Eier braten", nickte ich und verschwand in Richtung Küche.
„Halt! Eier und Büffelsteak! Indianer essen nichts anderes als Büffelfleisch!" Er stampfte mit dem Fuß und schüttelte die Faust.

„Ich habe seit Jahren kein Büffelfleisch mehr gegessen", antwortete ich und dachte daran, was für ein Festschmaus das jeweils gewesen war.

„Wie? Schrei im Wind ißt nicht mehr das Fleisch ihrer Ahnen?" fragte Kansas erstaunt.

Flint warf ein: „Welche Schande! Komm, wir gehen und schießen einen Büffel für Schrei im Wind!" Und beide, Flint und Kansas, verschwanden in der Dunkelheit der Nacht.

Die beiden haben einen sitzen, dachte ich. Im gleichen Augenblick kam Flint zurück und übergab mir feierlich drei frische Steaks.

„Was ist das?" fragte ich verständnislos.

„Büffelfleisch."

„Nein, das glaub ich nicht", widersprach ich.

Darauf hatte er gewartet.

„He, Kansas, deine Nichte will nicht glauben, daß es wirklich Büffelfleisch ist! Beweise es ihr!"

Kansas erschien im Türrahmen mit dem Schädel eines frisch geschlachteten Büffels.

„Ein Büffel! Ein echter Büffel! Woher hast du denn den?" wollte ich wissen.

„Frag nicht!" sagte Flint. „Man sollte nie fragen, woher das Essen kommt. Nimm und iß und freu dich darüber."

Kansas legte den Büffelkopf in meine Badewanne.

„Gute Medizin", lobte er und tätschelte eines der Hörner. Er kam mit mir in die Küche. „Indianer brauchen Büffelfleisch zum Leben", erklärte er. „Wenn es keine Büffel mehr gibt, gibt es auch keine Indianer mehr. Der große Geist hat uns die Büffel gegeben. Sie gehören uns. Wir haben das Recht, sie zu jagen und zu essen."

Ich briet die Büffelsteaks mit ein paar Eiern und kochte Kaffee.

„Kansas, nicht einmal du kannst in der Stadt einen Büffel jagen", bemerkte ich.

„Nun – ich fand ein Seil und band es an den Wagen. Und an dem Seil, da hing ein Büffel!" lachte er.

„Wo hast du denn das Seil gefunden?"

„Im Zoo", entgegnete er und schnitt sich ein Stück Fleisch ab.

„Das ist doch nicht möglich! Du kannst doch im Zoo nicht einen Büffel stehlen!" Ich war entsetzt.

„Ein Kickapoo-Krieger kann tun, was er will."

Ich schenkte Kaffee ein und betete im stillen: „Vergib uns, Herr, daß wir von diesem gestohlenen Büffel essen."

Im Morgengrauen verabschiedeten sich die beiden.

„Wartet! Ihr habt den Büffelkopf vergessen!" rief ich ihnen nach.

„Mach keine Faxen, Schrei im Wind! Was sollen wir mit dem Büffelkopf? Behalte ihn – er ist eine gute Arznei", meinte Kansas.

„Kansas! Ich kann ihn doch nicht in der Wohnung behalten! Er fängt doch an zu stinken!"

Kansas kam zurück. „Bist du umständlich geworden! Wie viele Mädchen gibt es denn heute noch, die ihren eigenen Büffelkopf haben?" schimpfte er.

„Kansas!" bat ich.

„Gut, wir suchen uns einen Platz, an dem er sicher ist und trocknen kann", sagte er und holte den Kopf. „Pack was zu essen ein und komm mit!"

„Ich kann nicht mit euch kommen. Ich muß in einer Stunde zur Arbeit", wehrte ich ab.

„Was? Du willst dir nicht einen einzigen Tag Zeit nehmen für deinen Onkel? Nachdem du ihn seit einem Jahr nicht mehr gesehen hast? Und nachdem ich dir dieses großartige Geschenk mitgebracht habe?" Er hielt den Büffelkopf hoch in die Luft.

„Ich werde meine Stelle verlieren! Ich hab in diesem Jahr wenigstens ein Dutzend verschiedene Arbeitsplätze gehabt", versuchte ich zu erklären.

„Und ich fünfzig. Spielt das eine Rolle? Willst du wirklich lieber von Tisch zu Tisch gehen und servieren, als draußen im Grünen ein Versteck für Bruder Büffel suchen?" Er seufzte tief. „Du brichst deinem Onkel das Herz."

„Na schön, dann komm ich." Ich lief in die Küche und stopfte einige Lebensmittel in einen Sack.

„Kein Fleisch, bitte!" rief Kansas hinter mir her. „Wir haben fünfhundert Pfund Fleisch im Wagen. Bring nur Brot, Ketchup und Getränke mit."

Als wir die Straße hinunterfuhren, sangen und scherzten wir und erzählten einander faustdicke Lügen. Morgen würde ich mir zwar einen neuen Arbeitsplatz suchen müssen, aber heute war es genau wie früher! Wir wollten uns freuen, und wir wollten wieder Indianer sein!

Wir fuhren etwa hundertfünfzig Kilometer, bis wir ein paar Sandhügel erreichten. Dort fanden wir eine kleine Höhle, die sich als Versteck für den Kopf des Büffels vorzüglich eignete. Dann rollten wir ein paar Felsblöcke vor den Eingang. Die nächste Farm war etwa fünfzig Kilometer entfernt.

Kansas holte den letzten Stein. „Früher waren Tausende von Büffeln in dieser Gegend. Jetzt müssen wir unseren Kopf riskieren, wenn wir dem Staat einen stehlen", klagte er bitter.

Die Erinnerung an unsere glorreiche Vergangenheit stimmte uns traurig. Wir drei Indianer waren hundert Jahre zu spät geboren und konnten es nicht ändern. Wir hatten im zwanzigsten Jahrhundert ebensowenig zu suchen wie unser Freund Büffel. Eines Tages würden auch wir Indianer aussterben. Kann sein, daß die Regierung dann unser letztes Exemplar im Zoo ausstellt.

Mittags aßen wir Brot und Büffelfleisch – am offenen Feuer gebraten.

Flint holte ein paar Gewehre aus dem Wagen. Er und

Kansas machten Schießübungen, während ich im warmen Sand lag und versuchte, den verlorenen Schlaf der vergangenen Nacht zu finden.

„Schrei! Hilf mir! Er hat mich angeschossen!" Kansas wankte, hielt sich die linke Schulter und fiel neben dem Feuer zu Boden.

Ich setzte mich auf, blinzelte den Schlaf aus den Augen und sah etwas Rotes zwischen seinen Fingern hindurchsickern und auf das Hemd tropfen.

„Schnell! Tu etwas!" Er krümmte sich und wimmerte. „Flint hat mich angeschossen! Ich muß sterben!"

Ich packte meine Jacke und preßte sie auf die Wunde.

„Flint! Was hast du getan! Er ist doch dein Bruder!" schrie ich Flint an, der daneben stand.

„Zeig mir, wo du getroffen bist", sagte ich zu Kansas und wischte sorgfältig das Blut von seiner Schulter. „Ich kann den Einschuß nicht finden!" Vorsichtig öffnete ich sein Hemd und entdeckte eine wunderbar gesunde Haut.

Kansas und Flint brachen in hysterisches Lachen aus. „Wir haben dich zum Narren gehalten! Es war Ketchup!" Sie schlugen einander auf den Rücken und heulten wie Kojoten. „Schrei, du fällst aber auch auf alles herein! Kannst du denn nicht zwischen Blut und Ketchup unterscheiden?"

Sie lachten immer noch, als wir in den Wagen kletterten und zur Stadt zurückfuhren. „Ich glaube euch mein Leben lang kein Wort mehr!" Zornig schüttelte ich die Faust gegen sie. „Das ist der Dank für meine Fürsorge, ihr wilden Tiere! Ihr habt mich heute zum letztenmal zum Narren gehalten!"

Kansas zog für einige Zeit zu Flint. Zum Glück wurde ich nicht entlassen, „weil ich mich von Bruder Büffel verabschiedet hatte", sondern durfte meinen Job behalten.

Ein paar Wochen später wartete Flint vor der Tür auf

mich, als ich nach Hause kam. „Kansas wurde angeschossen", sagte er.

„Glaub ich dir aufs Wort!" entgegnete ich schnippisch. „Meinst du nicht, daß er aufhören sollte, Ketchup zu vergeuden?"

„Nein, Schrei, diesmal ist's ernst. Ich lüge dich nicht an. Er wurde wirklich angeschossen, und er ist schwer verletzt. Ich bringe dich zu ihm ins Krankenhaus."

„Flint, wenn das wieder einer eurer dummen Scherze ist –"

„Nein, Schrei. Diesmal wirklich nicht", behauptete er mit zitternder Stimme. Ich glaubte ihm.

Die Fahrt zum Krankenhaus schien endlos. Unterwegs erzählte mir Flint, was geschehen war. „Der Polizei hat er erklärt, es sei ein Unfall. Er habe geschossen und sei dabei über die eigene Flinte gestolpert, dabei habe er sie verloren. Er behauptete, er wäre zur Stadt zurückgefahren und habe um Hilfe gerufen, aber die Leute hätten gedacht, er sei betrunken und wichen ihm aus. Erst als er aus dem Wagen fiel und blutend auf der Straße liegenblieb, rief jemand die Polizei."

„Und – wie geht es ihm jetzt?" Mir wurde übel.

„Der Schuß ist durch den Magen gegangen. Es sieht zwar schlimm aus, aber er wird durchkommen." Flint machte eine Pause. „Er – na ja."

„Was ist, Flint?"

„Nun, ich habe dir die Geschichte so erzählt, wie er sie die Leute glauben machen will. Sag kein Wort von dem, was ich dir jetzt erzähle."

„Keine Angst!" Ich rückte näher zu ihm.

„Kansas kennt ein Mädchen, und ihre Familie mochte ihn nicht. Sie hatten schon einen netten Jungen für sie ausgesucht, den sie heiraten sollte. Ihre Brüder warnten Kansas – er solle sich nie mehr in ihrer Nähe blicken lassen. Aber du kennst ja Kansas. Nun, einer dieser Brüder hat auf ihn geschossen. Dann bekam er es mit der Angst zu tun, fuhr Kansas in die Stadt und ließ ihn auf der Straße liegen. Es ist ein Wunder, daß er nicht verblutete, bevor man ihn ins Krankenhaus brachte."

„Weshalb hat er der Polizei nicht die Wahrheit gesagt? Sie hätte doch den Schuldigen eingesperrt."

„Er will das Mädchen schonen, nicht den Bruder. Er will sie nicht in diese Sache verwickeln. Sie weiß nicht einmal, was geschehen ist." Flint lächelte. „Kansas sagte, daß er für immer von allen romantischen Gefühlen ihr gegenüber geheilt sei!" Dann warnte er mich noch einmal: „Denk daran, es war ein Unfall!"

„Verstehe!" nickte ich.

Kansas bekam Bauchfellentzündung, und sein Zustand wurde kritisch. Tagelang schwebte er zwischen Leben und Tod, und ich fürchtete, daß der Wundbrand ihm das Leben kosten würde – wie meiner Großmutter.

Flint und ich besuchten ihn jeden Tag. Ich betete inbrünstig, daß Gott ihn am Leben erhalten möge. Endlich erholte er sich, und ich dankte Gott von ganzem Herzen.

Als Kansas nach Hause durfte, mußte er noch zwei Wochen im Bett bleiben. Die Verbände mußten Tag für Tag erneuert werden. Da er niemanden hatte, der ihn pflegen konnte, kam er zu mir. Ich gab ihm mein Bett und kampierte selbst auf der Couch.

Meistens schlief er. Wenn er wach war, las er Wildwestromane. Er machte mir wenig Arbeit, aber beim Wechseln des Verbands mußte ich schwer schlucken und den Atem anhalten. Ich mußte mich zwingen, nicht auf die große, blutige Wunde mit den blauschwarzen Rändern zu sehen. Doch auch diese Arbeit ging mir jeden Tag leichter von der Hand, und bald störte mich der Anblick nicht mehr.

Eines Tages warf er sein Buch ans Fußende des Bettes.

„Hast du noch mehr Wildwestgeschichten?" fragte er.

„Möchtest du nicht einmal etwas anderes lesen? Hast du noch nicht genug von den Leuten, die sich gegenseitig totschießen?" fragte ich.

Er begann zu lachen. Dann beherrschte er sich und legte die Hand auf die Wunde. „Du weißt doch, daß früher die Cowboys wenigstens ein halbdutzendmal im Leben angeschossen worden sind und trotzdem uralt wurden."

„Aha – dann hast du also noch fünf Schüsse auf Lager. Viel Glück!" Ich legte ein paar Bücher auf sein Bett. Zwei Western und zwei christliche Bücher.

Er griff nach den beiden christlichen Büchern. „Die kannst du wieder haben."

„Du solltest sie lesen, sie sind gut."

„Ich habe dir schon x-mal gesagt, daß ich mich für Religion nicht interessiere. Ich wollte, du würdest endlich aufhören, mich anzupredigen. Ich habe genug davon!" brummte er.

„Ich muß die Gelegenheit nützen!"

„Hör zu, Schrei im Wind. Ich gebe zu – die alten Zeiten sind vorbei. Die Götter der Indianer sind wertlos, aber ich kann auch nicht an deinen Gott glauben. Ich glaube nicht, daß es irgendeinen Gott gibt, sonst wäre diese Welt nicht so niederträchtig und gemein. Ich glaube an nichts, weil es nichts zu glauben gibt. Ich muß mir das Leben auf dieser Welt so angenehm wie möglich machen, denn wenn ich sterbe, ist alles aus."

Ich zeigte auf seine Wunde. „Das hier nennst du so angenehm wie möglich?"

Er nahm ein Buch zur Hand und verschwand dahinter. Ich habe nicht mehr mit ihm über Religion gesprochen, und eine Woche später zog er aus. Danach habe ich ihn nie wieder gesehen.

Manchmal erzählte mir Flint seine neuesten Streiche. Kansas wurde eingesperrt, weil er versucht hatte, die Pauke einer Band zu stehlen. Er wurde erwischt, als er die

Pauke in ein Taxi schob und das Monstrum in der Tür stecken blieb. Drei Tage mußte er wegen Trunkenheit sitzen. Dann wurde er festgenommen, weil er einen Büffel aus einem privaten Tierpark stehlen wollte. Er behauptete, Indianer hätten das Recht, Büffel zu jagen, solange die Sonne am Himmel steht und solange das Gras grünt. Das sei vertraglich festgelegt. 50 Dollar Strafe wurden ihm aufgebrummt, dann wurde er entlassen. Er hatte ein paarmal geheiratet und wenigstens ein Dutzend Wagen zu Schrott gefahren. Er zerstörte sich selbst, nichts konnte ihn aufhalten.

Dann hörten wir, daß Kansas bei einer Schießerei in einem Wirtshaus in Wyoming den Tod gefunden habe. Ich erinnerte mich, mit welcher Leidenschaft er Westernhefte verschlungen hatte, und fragte mich, ob er wirklich im Streit erschossen wurde, oder ob er die Auseinandersetzung angezettelt hatte, weil er Selbstmordabsichten hegte. Es wäre dann genau wie der Schluß in einem seiner Wildwestromane gewesen: „ . . . erschossen bei einem Schußwechsel in einer Kneipe in Wyoming." Ich vermißte Kansas und seine wilde unbekümmerte Art zu leben.

Jahre später ging ich noch einmal zu dem Platz, wo Flint, Kansas und ich einen ganzen Tag verbracht hatten, um ein Versteck für die „Gute Arznei", wie wir den Büffel genannt hatten, zu finden. Ich fand die Höhle wieder und rollte die Steine vom Eingang weg. Natürlich hatte ich ein Skelett erwartet, doch ich fand einen tadellos präparierten Büffelschädel. Das Fell war nicht einmal staubig, und die Haut war zu hartem Leder geworden. Ich zog ihn an den Hörnern heraus und sah ihn mir genauer an. Das Fleisch an den Kiefern war ausgetrocknet, und die langen Zähne gaben dem Büffel den Anschein eines Lächelns. Das hätte Kansas gefallen. Gute Arznei, der lächelnde Büffel. Ich nahm den Schädel mit nach Hause und verwahrte ihn.

Manchmal erschraken meine Freunde, wenn sie den

meterhohen Büffelschädel in meinem Wohnzimmer erblickten. Dann lächelte ich und hörte Kansas sagen: „Wieviele Mädchen gibt es denn heute noch, die ihren eigenen Büffelkopf haben?" Und ich streichelte eines der Hörner und fügte hinzu: „Dazu noch einen, der lächelt?"

Kansas, du fehlst mir! Weshalb hast du dich mit dem Sterben so beeilt?

Gute Arznei – der lächelnde Büffelkopf

6

Flint und ich saßen am Tisch und ließen den Kaffee kalt werden. „Flint", seufzte ich. „Unsere Familie wird immer kleiner. Großmutter ist gestorben, Pascal hat sich das Leben genommen, und nun lebt auch Kansas nicht mehr. Ich glaube, du solltest heiraten und Kinder kriegen, sonst ist von unserer Familie bald nichts mehr übrig."

„Du hast recht", nickte er. „Ich brauche eine Frau. Herbstrose ist fleißig und hübsch. Sie wäre die Richtige."

„Aber sie ist Christin. Sie wird dich kaum nehmen, wenn du nicht auch an Jesus glaubst", gab ich ihm zu bedenken.

„Ich weiß! Ich habe viel darüber nachgedacht. Vielleicht sollte ich es einmal mit diesem Gott versuchen, von dem du mir immer erzählst. Er hat schließlich dir geholfen – vielleicht würde er auch mir helfen."

Beinahe hätte ich einen Freudenschrei ausgestoßen.

„Flint, du wirst es niemals bereuen, wenn du Jesus Christus als deinen Retter annimmst!"

„Kann sein. Zu verlieren habe ich ohnehin nichts." Er zuckte die Achseln.

Es sah aus, als ob er diese wichtige Entscheidung auf die leichte Schulter nähme, aber ich kannte Flint und wußte, daß er nichts im Leben leicht nahm. Er hatte lange darüber nachgedacht und jetzt eine Entscheidung getroffen. Mein Onkel war verlegen und wartete darauf, daß ich etwas sagte.

„Wenn du an Jesus glaubst, wirst du Frieden und Geborgenheit finden. Ich bin stolz auf dich, und ich weiß, daß du mit Herbstrose glücklich werden und viele Söhne bekommen wirst. Du kannst an Gott glauben und trotzdem Indianer bleiben. Christsein bedeutet reif werden - reifer und männlicher."

Erleichtert nickte er. „Wahrscheinlich werde ich es schaffen. Ich habe es mir gut überlegt. Heute abend werde ich mit Herbstrose darüber reden und den Hochzeitstermin festlegen."

„Gott segne dich, Onkel Flint!"

Ich freute mich für ihn und war doch zugleich traurig. Dann war ja unsere schöne, gemeinsame Zeit vorbei. Flint würde Frau und Kinder haben und konnte nicht mehr wie der Wind einmal hier, einmal dort sein.

Onkel Cloud kam zur Hochzeit und amtete als Brautführer. Ich betrachtete die beiden, die so stolz und stattlich vor der Kirche standen. Die letzten meiner sieben Onkel. Zwei waren tot; einer war im Gefängnis; und zwei waren verschwunden - wir hatten keine Ahnung, ob sie überhaupt noch am Leben waren.

Ich beobachtete Flint und Herbstrose, und tiefer Schmerz erfüllte mich, als ich daran dachte, wie es wäre, wenn heute Gelber Donner und ich vor dem Traualtar stehen würden. Ich schloß die Augen und sah sein Gesicht vor mir. Als ich aufsah, kamen Braut und Bräutigam langsam durch den Mittelgang. Noch nie hatte ich Flint so glücklich gesehen.

Nach der Hochzeit fuhr mich Cloud nach Hause. Unterwegs sagte ich zu ihm: „Flint war glücklich, dich heute hier zu haben. Er hat den Bruder gebraucht. Auch ich bin froh, daß du gekommen bist. Ich hätte nicht gedacht, daß wir uns je wiedersehen würden."

Er lächelte. „Es ist ein Wunder, Schrei. Wir alle, du, Flint und ich, glaubten an unsere Indianerreligion und beteten die alten Götter an. Doch dann hörten wir die Frohe Botschaft und glauben nun an Jesus Christus als unseren Herrn. Es ist wirklich ein Wunder!"

Ich pflichtete ihm bei und fragte dann: „Weißt du, daß Kansas eine Zeitlang bei mir gewohnt hat? Ich wollte ihm von Jesus erzählen, aber er hat nicht zugehört. Es war schrecklich für mich, daß man ihn umgebracht hat." Ich holte tief Atem und versuchte, meiner Stimme Festigkeit zu geben, als ich fragte: „Cloud, glaubst du – glaubst du, daß Kansas in der Hölle ist?"

Er biß sich in die Unterlippe und sagte langsam: „Ich weiß es nicht, Schrei. Ich glaube, niemand kann sagen, dieser oder jener kommt in den Himmel oder in die Hölle. Erst wenn wir selbst sterben und im Himmel sind, werden wir es wissen. Der Schächer am Kreuz glaubte und wurde in letzter Minute gerettet. Vielleicht hat Kansas das gleiche erlebt."

„Das möchte ich gern glauben", antwortete ich leise.

„Ich auch", nickte er.

„Dann glauben wir doch daran – vielleicht ist es wirklich so geschehen", rief ich voll Hoffnung.

„Vielleicht", sagte er und wechselte das Thema.

Wir erzählten einander, was geschehen war, seit er nach Oregon gezogen und mich nach Großmutters Tod in Colorado gelassen hatte.

Dann sprach er von seinem Mädchen. „Ich wollte, du könntest sie kennenlernen", strahlte er. „Sie ist lieb und gut und graziös wie ein Reh. Sie hat mir von Gott erzählt. Im Frühling heiraten wir."

Er musterte mich kurz, wohl um zu sehen, wie ich auf diese Nachricht reagieren würde.

„Ich bin froh, daß du jemanden gefunden hast. Ich hoffe, daß ihr beide, du und Flint, glücklich werdet und viele Kinder bekommt."

„Und wie steht's mit dir, Schrei im Wind? Hast du auch einen Freund?"

Zögernd sah ich zu ihm auf. Ich wußte nicht, ob ich ihm von Gelber Donner erzählen sollte oder nicht.

Bevor ich antworten konnte, fuhr Cloud fort: „Flint hat mir von Gelber Donner erzählt. Es tut mir leid für dich, Schrei. Eines Tages wirst du darüber hinwegkommen und einen anderen Mann kennenlernen."

„Nein", flüsterte ich. „Es wird nie einen anderen geben."

„Schrei, möchtest du wieder einmal auf die Jagd gehen? Vielleicht finden wir frisches Fleisch, bevor ich wieder nach Oregon zurückfahre. Ich habe den Bogen im Kofferraum."

„O ja, fein!"

Wir gingen in meine Wohnung, und ich zog mich um. Dann fuhren wir in die Berge.

Ruhig ging ich hinter Cloud her, der sich wie ein lautloser Schatten durch den dichten Wald bewegte. Der Geruch von Kiefern und feuchter Erde hing in der Luft. Cloud war der beste Jäger und Fallensteller, den ich kannte, aber er hätte nie ein Tier aus reiner Jagdlust getötet. Er liebte die wilde Kreatur und schoß nur, was er zum Leben brauchte.

Cloud duckte sich hinter einem gefällten Baum und deutete auf einen kleinen Rehbock auf der anderen Seite. Er spannte den Bogen, zielte sorgfältig und drückte ab. Der Pfeil flog lautlos durch die Luft und traf das weidende Tier mitten ins Herz.

Cloud ging auf den verendeten Bock zu und sprach die alten Worte: „Vergib mir, mein Bruder, aber meine Familie muß zu essen haben." Er zögerte und sah mich an. „Jetzt bin ich Christ. Darf ich den Bock trotzdem noch Bruder nennen?"

„Ich weiß nicht. Ich meine, es ist nicht falsch. Gott hat uns eine gewisse Ehrfurcht für die Tiere gegeben. Aber –" fügte ich hinzu, „es ist nicht mehr so wie früher, als wir glaubten, einige Tiere seien Götter."

Cloud nickte, und ich wußte, daß er sich an die Zeit erinnerte, als er Adler und Bär als Götter angebetet hatte. Er bückte sich und zog dem Tier das Fell ab.

„Brauchst du das Fell?" fragte ich.

„Nein, du kannst es haben." Er rückte zur Seite und machte mir Platz. Ich zog das Fell mit der Hand statt mit dem Messer ab, weil ich mir ein Kleid daraus machen wollte und keine Messerspuren darauf hinterlassen wollte. Als ich fertig war, rollte ich den schweren Pelz zusammen und trug ihn zum Wagen, während sich Cloud mit dem Bock abmühte.

Als Cloud wieder in Oregon war, fühlte ich mich einsamer denn je und verbrachte soviel Zeit wie nur möglich bei Pastor McPherson und bei Gemeindeveranstaltungen. Ich wußte, daß ich zu oft bei den Pastorsleuten war und ausgerechnet immer zur Essenszeit bei ihnen auftauchte. Aber ich konnte einfach nichts mit mir anfangen. Ich hatte viel freie Zeit und langweilte mich.

Vermutlich haben mir Audrey und Pastor McPherson manchmal gegrollt, wenn ich wieder vor ihrer Tür stand, aber sie waren zu höflich, um es sich anmerken zu lassen. Sie hießen mich immer willkommen und legten ein Gedeck für mich auf.

Wieder wechselte ich meinen Job. Diesmal arbeitete ich in einer Gärtnerei. Aber ich konnte nicht gut mit Pflanzen umgehen. Wenn sie mich erblickten, wurden sie welk und starben.

Wieder einmal saß ich in McPhersons Arbeitszimmer und klagte, daß ich keine Stelle hatte.

„Schrei im Wind, du wirst bald einmal einen Weltrekord im Stellenwechsel aufstellen können", schalt er gutmütig. „Was sollen wir denn jetzt mit dir machen?"

„Ich bin so allein. Jetzt, da Cloud wieder weg ist, Flint geheiratet hat und Kansas gestorben ist, komme ich mir wie die letzte Kickapoo-Indianerin vor."

„Du brauchst ein Ziel, eine Berufung, etwas, woran du

glauben kannst, damit dein Leben reich und lebenswert wird", sagte er.

„Haben Sie eine Idee?" fragte ich voll Hoffnung.

„Nein, leider nicht. Du mußt deine Bestimmung selbst finden. Aber ich werde für dich beten", versprach er, und ich ging weg.

Am darauffolgenden Morgen fand ich Arbeit als Küchenhilfe in einem italienischen Restaurant. Ich rief Pastor McPherson an. „Glauben Sie, daß ich dazu berufen bin, mein Leben lang Spaghetti zu kochen?" fragte ich.

Er lachte und meinte, nein, das glaube er nicht – aber er sei trotzdem froh, daß ich wieder Arbeit hätte.

Als ich an jenem Abend von der Arbeit nach Hause ging und an der Ecke auf grünes Licht wartete, fiel mein Blick auf ein Stück Papier, das im Rinnstein lag. Das Wort „Navajo" stand groß auf der Titelseite.

Ich hob das Traktat auf, glättete es und las, daß die Navajo-Mission in Neu-Mexiko Mitarbeiter suche.

Mir war klar, dies könne kein Zufall sein. Gott hatte für mich geplant. Er hatte dafür gesorgt, daß das Papier im Rinnstein lag und die Ampel auf rot stand, so daß ich warten und das Blatt sehen mußte. Davon war ich felsenfest überzeugt.

Ich lief schnurstracks zu Pastor McPherson und Audrey.

„Wie geht's dem Spaghettikoch?" neckte Audrey.

„Ich geh' wieder weg", sagte ich bestimmt und beachtete ihre Einwände nicht, sondern zog das schmuddelige Papier aus der Tasche und zeigte es ihnen. „Ich habe meine Berufung gefunden. Hier ist Gottes Wille für mich", erklärte ich im Brustton der Überzeugung.

Verständnislos betrachteten sie das Papier und gaben es mir dann zurück. „Was soll das heißen?"

„Es heißt, daß eine Missionsgesellschaft in Mexiko Mitarbeiter braucht", erklärte ich ihnen, als ob sie nicht selbst lesen könnten. „Das geht mich an! Ich gehe dorthin als Mitarbeiterin."

„Woher hast du den Zettel?" fragte Audrey.

„Ich habe ihn im Rinnstein gefunden, während ich auf grünes Licht wartete. Gott hat ihn für mich dorthin gelegt."

„Der hat vielleicht schon seit Wochen dort gelegen." Pastor McPherson betrachtete kritisch den Schmutz, der daran klebte. „Was ist das für eine Mission? Wer steckt dahinter? Welche Glaubensgrundlage haben diese Leute?"

„Das weiß ich alles nicht. Ich schreibe ihnen noch heute, daß ich komme."

„Schrei im Wind, darüber solltest du noch einige Zeit nachdenken. Es könnte ja irgendeine Sekte oder weiß der Himmel was sein!" Pastor McPherson war mit meinem Vorschlag gar nicht einverstanden.

Sorgfältig faltete ich mein kostbares Zettelchen und ging. Ich wußte, daß dies der Ruf Gottes an mich war.

An diesem Abend erkannte ich das erstemal, wie sehr ich mich verändert hatte, seit ich Christ geworden war.

Vor Jahren, als wir von den fünf Missionaren hörten, die von den Auca-Indianern umgebracht worden waren, lachten wir. Wir waren froh, daß man sie getötet hatte. Die Missionare waren selber schuld daran! Sie waren gekommen und hatten nichts anderes als den Tod verdient. Der Glaube der Indianer ging sie gar nichts an. Das war einzig und allein unsere Sache! Diese Missionare hatten kein Recht, sich dort aufzudrängen, wo man nichts von ihnen wissen wollte. Wir freuten uns, daß die Aucas sie getötet hatten, und rissen unsere Witze darüber. Dabei erinnerten wir uns daran, daß auch unser Stamm viele Missionare umgebracht und ihnen die Köpfe abgeschnitten hatte. Und wir waren stolz darauf gewesen!

Nun wollte ich mit Missionaren zusammenarbeiten,

um Indianern von Jesus zu erzählen. Nur Gott allein konnte diesen Wandel in meinem Herzen vollbracht haben.

Noch am gleichen Abend schrieb ich an die Missionsgesellschaft, daß ich eine bekehrte Indianerin sei und gern kommen würde, wenn sie mich haben wollten.

Ich saß wie auf Nadeln und konnte die Antwort kaum abwarten. Nach einer Woche war es soweit. Die Missionare baten mich zu kommen!

Schnurstracks rannte ich zur Kirche, um Audrey und ihrem Mann den Brief zu zeigen. „Ich werde in einer Mission für Navajo-Indianer arbeiten!" schrie ich.

„Was für eine Mission? Was für eine Lehre haben diese Missionare? Wer sind sie?"

„Keine Ahnung!" Ich zuckte die Achseln. „Ich habe geschrieben, ich wolle kommen, und sie sind einverstanden."

Audrey rieb sich die Stirn, als habe sie Kopfweh, und Pastor McPherson starrte mich an, als ob ich den Verstand verloren hätte.

Mehrere Stunden lang versuchten sie, mir mein Vorhaben auszureden. Umsonst! Endlich borgte mir Pastor McPherson ein Dutzend Bücher über Gebet, Lehren und Hingabe, und Audrey ließ verstohlen zwanzig Dollar in meine Tasche gleiten.

Wieder einmal sagten wir einander Lebewohl, aber diesmal war es nicht so schwer wie sonst, denn ich wußte, daß Gott mich führte.

Ich nahm den Mitternachtsbus und fuhr die achthundert Kilometer nach Neu-Mexiko. Ich war voller Zuversicht und Glück über das wunderbare Abenteuer, das mir bevorstand.

Erst als die Tür des Busses aufging und ich den Wagen der Missionsgesellschaft sah, der mich abholte, packte mich das Entsetzen.

7

Ein hochgewachsener Mann trat mit freundlichem Lächeln auf mich zu und schüttelte mir die Hand. „Herzlich willkommen!"

Ich erstarrte und war unfähig, einen klaren Gedanken zu finden. Das einzige, das mir einfiel, war die Begrüßung, die mein Onkel immer für mich hatte: „Hoi, Liebling!"

Der Missionar lief dunkelrot an.

Ich biß auf meine Lippen. „Tut mir leid! Ich bin so nervös – ich weiß nicht, warum – ich glaube, ich steig wieder in den Bus und fahr nach Hause", stammelte ich.

Er begann zu lachen, bückte sich nach meiner Tasche und half mir in den Wagen, auf dem in großen Lettern der Name der Mission geschrieben stand.

Missionar Bell stellte mich seiner Frau Lola vor. Dann begann die lange, staubige Fahrt zur Missionsstation.

Die Missionare stellten mir viele Fragen, und meine Antworten waren eine einzige Enttäuschung für sie.

„Sie sind viel jünger, als wir erwartet hatten. Wie alt sind Sie eigentlich, Schrei im Wind?"

„Achtzehn."

„Welche Bibelschule haben Sie besucht?"

„Keine, aber ich habe schon die meisten Psalmen gelesen!"

„Welche Schulbildung haben Sie?"

„Ach, die ist kaum der Rede wert!"

Mr. Bell bekam einen Hustenanfall.

Lola lächelte nervös. „Wie lange sind Sie schon Christ?"

„Seit ein paar Monaten."

Ihr Lächeln erstarb, und ihr einziger Kommentar war:

„Oh!"

Unterdessen hatte sich Missionar Bell wieder gefaßt. „Welche Kirche übernimmt die Kosten für Sie?"

„Keine. Ich bin auf eigene Faust gekommen."

„Aber Sie haben uns doch geschrieben, daß Sie die Sprache der Navajo beherrschen!" sagte Lola ermutigend.

„Ja, früher. Aber ich habe vieles vergessen. Nun, ich werde es bald wieder lernen."

Wieder lief Mr. Bell rot an. Diesmal sagte er nichts.

Bald danach kamen wir auf die Missionsstation. Es war ein braunes Gebäude aus Lehmziegeln und hatte viele Zimmer. Daneben stand eine Kapelle. In sie verliebte ich mich auf den ersten Blick. Sie war alt und baufällig, aber mir erschien sie schön.

Die Sonne legte sich schlafen und überzog den Himmel mit einer roten Decke. Ich packte meine Sachen aus und richtete mich in dem kleinen Zimmer ein, das man mir zugewiesen hatte. Nachher machten Missionar Bell, Lola und ich einen Rundgang auf dem Missionsgelände.

In meinem Herzen war tiefer Friede. Ich wußte, daß Gott mich hierhergeschickt hatte. Es war seine Sache, nun auch Mr. Bell und Lola davon zu überzeugen.

Zum erstenmal in meinem Leben hatte ich es nun mit christlichen Indianern zu tun. Ich war begeistert. Die Tage waren lang und die Arbeit schwer, und weil ich auf eigene Faust gekommen war, ohne eine Kirche, die finanziell für mich aufkam, erhielt ich nur ein Taschengeld. Audrey schrieb mir jede Woche und schickte mir fünf Dollar für meine persönlichen Bedürfnisse. Ich arbeitete täglich vierzehn Stunden und bekam fünf Dollar pro Woche, aber ich war noch nie so glücklich gewesen.

Lola und ihren Mann hatte ich gern. Sie behandelten mich wie ein Familienmitglied. Ich half Lola in der Küche und im Haushalt. Daneben lehrte ich Bibelverse in Englisch und Navajo. Einige Male pro Woche machten wir die Runde im Reservat und besuchten die Navajo-Familien in ihren Hütten.

Eines Tages fühlte sich Lola nicht wohl und wollte die lange Reise auf holprigen Straßen und durch die heiße Wüste nicht auf sich nehmen. Deshalb gingen Missionar Bell und ich allein zu den Siedlungen. Wir hatten den Wagen voll beladen mit Kleidern für die Frauen und Süßigkeiten für die Kinder.

Nach dem Besuch bei der ersten Familie entschloß sich der Missionar, die Straße zu verlassen und durch den Busch zu fahren, um etwa fünfzehn Kilometer abzukürzen.

Nach kurzer Fahrt gerieten wir in ein Gebüsch von Trauerweiden. Zu spät erkannte der Missionar, daß die Weiden einen tiefen Wassergraben verdeckten. Plötzlich verschwand der Boden unter dem Wagen. Wir segelten durch die Luft und landeten so hart im Graben, daß wir mit dem Kopf am Wagendach anschlugen.

Als sich der Staub gesetzt hatte, stiegen wir aus und untersuchten den Schaden. Wir hatten eine Reifenpanne und ein Loch im Benzintank. So gut es ging, verstopften wir das Loch und wechselten den Reifen.

Nach einigen mißglückten Versuchen gelang es Mr. Bell, den Wagen aus dem Loch zu fahren, und bald waren wir wieder unterwegs.

Nach ein paar Kilometern keuchte und hustete der Motor und gab endlich den Geist ganz auf. Missionar Bell drehte wieder und wieder den Zündschlüssel, aber die einzige Antwort war ein kurzes Kratzen.

„Kein Benzin mehr", stellte er fest. „Es sind nur noch wenige Kilometer bis zum Haus der Schnurrbart-Frau. Dort können wir Hilfe holen."

Als wir ausstiegen, konnten wir vor Hitze kaum atmen, und unsere Augen tränten im Licht der gleißenden Sonne. Im Sand kamen wir nur langsam voran. Wir schwitzten.

Unser Mund war so ausgetrocknet, daß wir nicht miteinander reden konnten.

Ich ging voraus, und als ich mich umdrehte, merkte ich, daß Missionar Bell weit hinter mir zurückgeblieben war. Ich setzte mich an den Straßenrand, um auf ihn zu warten, und entdeckte im Sand plötzlich eine volle Bierdose. Ich nahm einen Stein und warf ihn nach der Dose. Dumpf schlug er auf. Ich hob die Büchse auf und schüttelte sie kräftig. Wahrscheinlich war sie von einem Lastwagen heruntergefallen.

Nun hatte mich Missionar Bell erreicht. „Was haben Sie da gefunden?" fragte er mit einem Blick auf die Büchse.

„Eine volle Bierdose. Sie lag im Sand." Damit überreichte ich ihm den Fund.

Nachdenklich sah er sie an. „Ich will den nächsten Finder vor Versuchung bewahren und den schädlichen Trank in den Sand leeren, damit er kein Unheil anrichten kann." Er faßte nach dem Ring und riß ihn hoch. Ein Springbrunnen von heißem Bier ergoß sich über den Ärmsten. Er warf die Dose in hohem Bogen von sich, aber das Unglück war schon geschehen. Von Kopf bis Fuß war er mit Bier getränkt und duftete wie eine Brauerei.

Mit rotem Gesicht sah er mich an. Der Bierschaum saß wie eine Krone auf seinem Kopf.

Ich brach in schallendes Gelächter aus, setzte mich in den Sand und bog mich vor Lachen. Er marschierte weiter und ließ mich einfach sitzen, während ich nicht mehr aufhören konnte zu lachen.

Schließlich dachte ich, es sei besser, ihm auf den Fersen zu bleiben. Mochte er denken, die Hitze habe das Bier in die Luft gejagt – es war immer noch besser, als schriebe er das Unglück meinem Schütteln zu!

Die Sonne hatte seine Kleider getrocknet, bevor wir Frau Schnurrbarts Hütte erreichten, aber der penetrante Biergeruch war an ihm hängengeblieben.

Die Hunde begannen zu kläffen, als wir uns der Hütte näherten. Eine grauhaarige, bucklige Frau schob die Decke beiseite, die als Tür diente, und kam heraus.

„Yah'a'teh", sagte sie.

„Yah'a'teh", erwiderte der Missionar und erklärte ihr, weshalb wir hier waren.

Sie sagte, daß ihr Sohn bald mit dem Wagen zurücksein und uns zur Missionsstation bringen würde. Während sie sprach, schnupperte sie auffällig und warf dem Missionar argwöhnische Blicke zu, die er geflissentlich zu übersehen versuchte.

Plötzlich entdeckte ich einen Kübel Wasser auf einem Baumstrunk. Meine Kehle war beinahe ausgedörrt. Ich gab Mr. Bell einen Schubs und deutete auf den Eimer.

Schnurrbart-Frau griff in ihre Tasche, zog ein Stück schwarzen Kautabak heraus, biß mit ihren wenigen Zahnstümpfen davon ab und begann zu kauen. Im nächsten Augenblick wußte ich, wie sie zu ihrem Namen gekommen war. Tabaksaft umrahmte ihre Lippen und lief ihr übers Kinn, so daß sie aussah, als hätte sie einen Schnurrbart und einen Backenbart dazu.

Sie nahm eine Schöpfkelle, füllte sie mit Wasser und bot mir zu trinken. Ich sah sie an und hatte plötzlich keinen Durst mehr. Ich brachte es nicht fertig, aus ihrer Kelle zu trinken.

Nun bot sie Mr. Bell die Kelle an. Er nahm sie und hielt sie zögernd in der Hand. Einen Blick warf er auf die Tabaksauce, die ihr aus dem Mund lief, und einen zweiten auf die Kelle. Der Durst war stärker. Er drehte die Kelle um und trank dort, wo der Stiel angemacht war, in dem Glauben, daß ihr Mund diesen Teil noch nicht berührt hatte.

Die alte Frau schlug sich auf die Knie und kicherte: „Mr. Bell! Sie trinken ja auf die gleiche Art wie ich aus dieser Kelle!" Dann spuckte sie ihren Tabak in weitem Bogen aus.

Bell wurde bleich und setzte sich in den Schatten eines Mesquitstrauchs, um sich von diesem Schrecken zu erholen.

Er trocknete seine Stirn mit dem Taschentuch und sagte: „Schrei im Wind, bis jetzt habe ich mich immer gefragt, weshalb der Herr Sie zu uns geschickt hat. Heute habe ich es herausgefunden. Der Herr in seiner Weisheit hat Sie benützt, um mich Demut zu lehren. Als ich Prediger wurde, schwor ich, daß mir jemals weder Alkohol noch Tabak über die Lippen kommen würden. Und dank Ihnen –" er funkelte mich an – „habe ich beide Laster innerhalb einer einzigen Stunde kennengelernt!"

Die Fahrt zur Missionsstation verlief schweigend. Nur hin und wieder unterbrach mein leises Kichern die Stille.

Nachdem sich Missionar Bell von seiner Begegnung mit Alkohol und Tabak erholt hatte, lachten wir noch oft über dieses Abenteuer. Wenn irgend jemand die Sünde des Hochmuts erwähnte, lächelte er und sagte: „Schrei im Wind bringt es fertig, den größten Hochmutspinsel innerhalb kürzester Zeit zu demütigen!"

Als ich etwa einen Monat auf der Station gearbeitet hatte, kam eine zweite Praktikantin. Sie war ein hübsches, blondes Mädchen und hatte ein Jahr die Bibelschule besucht. Gott habe sie zum Missionsdienst berufen, meinte sie. Ungeduldig erwartete ich ihre Ankunft, denn obwohl ich die Bells liebte, freute ich mich doch auf jemanden, der ungefähr gleich alt war wie ich.

Sharon war tatkräftig und eifrig bestrebt, Seelen zu gewinnen. Die tägliche Schinderei in Küche und Waschküche ging ihr gegen den Strich. Sie wollte das Evangelium verkündigen und sich nicht mit schmutzigem Geschirr abgeben.

Endlich schlug ihre Stunde. Missionar Bell, Lola, Sharon und ich fuhren im Lastwagen durch die Wüste, um eine Navajosiedlung zu besuchen.

„Ich bin so aufgeregt!" sprudelte Sharon heraus. „Wie viele werden sich wohl heute bekehren?"

„Wahrscheinlich niemand. Gerettete Seelen sind so selten wie Regen in der Wüste. Es braucht Geduld. Letztes Jahr sind nur fünf Menschen zum Glauben gekommen", gab Mr. Bell zur Antwort.

Sharon war an diesem Tag entschiedener denn je, einen Indianer zum Herrn zu bringen.

Wir parkten den Wagen und gingen ins Navajo-Lager. Eine Navajo-Frau mit einem halben Dutzend Kindern am Schürzenzipfel bat uns, in ihre Hütte zu kommen.

Dort herrschte die reinste Backofenhitze. Wir konnten kaum atmen. Die Indianerin und ihre Kinder saßen auf einer Seite, wir auf der anderen. So bildeten wir einen Kreis auf dem schmutzigen Boden. Der Geruch der ungewaschenen Kinderkörper hing schwer in der heißen Sommerluft.

Die Navajo-Frau brachte uns allen Brot und ein undefinierbares Gericht. Sharon betrachtete die dicke Fettschicht, die auf ihrer Tasse schwamm und flüsterte: „Hast du eine Ahnung, was das ist?"

„Nur nicht fragen!" flüsterte ich und nahm einen Schluck. „Es schmeckt ein wenig nach –" Ich sah mich um. „Möchte wissen, was mit der alten, grauen Katze geschehen ist, die vor kurzem noch hier war!"

Sharon verschluckte sich an ihrem letzten Bissen und wurde kreideweiß.

„Ich wollte sagen, es schmeckt – nach Hammelfleisch", fuhr ich fort.

Sharon zeigte auf den einzigen Schmuck in der Hütte. „Was ist das?" fragte sie.

Es war ein langer schwarzer Pferdeschweif, den die Indianerfrau als Kammbehälter benützte.

„Darüber möchte ich lieber nicht sprechen", murmelte ich, und Sharons Augen weiteten sich entsetzt. Im gleichen Augenblick sagte die Navajofrau etwas und zeigte auf Sharon.

Missionar Bell übersetzte. „Sharon, sie sagte soeben, daß dein Haar wie die Sonne glänzt und daß es ihr sehr gut gefällt."

Sharon legte beide Hände um den Kopf, sprang auf und rannte hinaus zum Missionswagen. Dort blieb sie hinter verschlossener Tür sitzen, bis wir wegfuhren.

Erst jetzt wagte sie es, die Hände von ihrem Haar zu nehmen. „Kein Mensch hat mir gesagt, daß Indianer stinken!" rief sie, den Tränen nahe. „Diese Heiden!"

„Sie können jeden Tag pro Person höchstens einen Liter Wasser aus ihren seichten Brunnen schöpfen. Das brauchen sie zum Trinken und können es nicht zum Waschen verschwenden. Sie riechen nach Staub, nach dem Rauch des Lagerfeuers und nach ihren Steppenpflanzen. Du dagegen riechst nach Zahnpasta, Parfüm, Haarspray und Puder. Die Indianer finden, daß du komisch riechst", erklärte Missionar Bell.

Bevor wir die Station erreichten, gerieten wir in einen Sandsturm, der uns beinahe erstickte, unsere Augen blendete und auf der Haut juckte, so daß wir uns immerzu kratzen mußten.

Sharon begann sich den Kopf zu kratzen. Ihr Haarspray wirkte wie ein Sandmagnet, und ihre Kopfhaut begann zu jucken und zu beißen. Je mehr sie kratzte, desto schlimmer wurde es.

„Welch schrecklicher Tag!" stöhnte sie, als wir endlich daheim waren. „Ich fühle mich so schmutzig! Ich kann gar nicht verstehen, was mit meinem Kopf los ist!"

„Ich hoffe, daß es keine Läuse sind", bemerkte ich trocken. „Du weißt ja, wie schmutzig diese Heiden sind!"

Entsetzt schrie Sharon auf. „Läuse! Ich habe Läuse bekommen!" Sie sprang aus dem Wagen, bevor Mr. Bell den Motor abgestellt hatte. Ehe wir noch im Haus waren, stand sie schon unter der Dusche und rieb sich die Haare. Eine halbe Stunde später duschte sie immer noch.

„Vielleicht solltest du ihr sagen, daß nur der Staub an diesem Beißen schuld ist", schlug Lola vor.

„Wahrscheinlich würde sie mir nicht einmal glauben. Ich bin schließlich auch eine von denen", erwiderte ich nur.

Lola klopfte an die Badezimmertür und konnte Sharon endlich dazu bewegen, herauszukommen.

„Ich werde nie einen Missionar heiraten!" rief sie aufgebracht. „Ich heirate einen Pfarrer, der eine nette, ruhige, zivilisierte Gemeinde in Los Angeles betreut!"

Zwei Tage später packte sie ihre Sachen und verließ uns – gerade als wir uns anschickten, ein anderes Navajolager zu besuchen.

Sie fehlte mir, und ich fühlte mich irgendwie schuldig. Ich weiß, daß ich es ihr hätte leichter machen können. Ich hätte sie wirklich nicht mit dem Pferdeschweif necken sollen, der dort in der Hütte gehangen hatte. Aber wie konnte ich wissen, daß sie glaubte, Indianer seien immer noch auf der Jagd nach Skalps? Ich hoffte, daß sie ihren Pfarrer mit einer schönen, großen Kirche mitten in der Stadt finden würde. Sie würde eine gute Pfarrfrau abgeben. Bestimmt würde sie ihren Kindern später interessante Geschichten von den zwei Wochen erzählen, die sie unter den „Wilden" verbracht hatte.

Wir freuten uns, wenn sich einige Indianer für Jesus entschieden, und weinten, wenn dann beinahe die Hälfte wieder zu den alten Göttern, zum Medizinmann und den alten Bräuchen zurückkehrten und Jesus verließen.

Eines Tages kam Blaues Glas, eine unserer treuesten Christinnen, zur Station und bat um Kleider.

„Was ist denn mit den Kleidern geschehen, die wir dir letzte Woche gegeben haben?" fragte Lola.

Blaues Glas senkte den Blick und erklärte, daß sie die Kleider gewaschen und aufgehängt hatte. Dann sei der Staubteufel hineingefahren, und jetzt seien lauter winzige Staubteufelchen darin. Sie hatte sich gefürchtet, die Kleider von der Leine zu nehmen. Deshalb habe sie den Medizinmann gebeten, es für sie zu tun und die Kleider zu verbrennen, damit die Staubteufel ihr nichts anhaben konnten. Dem Medizinmann hatte sie für seinen Dienst ein Schaf gegeben.

Lola seufzte und gab ihr andere Kleider. „Werden wir sie jemals wirklich verstehen?" fragte sie müde. „Werden wir wirklich einmal an sie herankommen?"

Pony Boy Chee war ein junger Krieger, der mehr Schwierigkeiten machte als jeder andere weit und breit. Er ließ die Luft aus den Reifen des Missionswagens, warf Steine gegen unsere Fenster und drohte, das Missionsgebäude anzuzünden. Als er dem Medizinmann ein Pferd gestohlen hatte, warteten alle ängstlich auf die Folgen dieses Frevels, denn der Medizinmann hatte ihn verflucht. Er prophezeite, daß Pony Boy Chee eines Tages wie dürres Gras brennen würde.

Missionar Bell war sich bewußt, daß hier ein erbitterter Kampf zwischen teuflischen und himmlischen Mächten tobte, und beschloß, am Sonntag über dieses Thema zu predigen. Er erklärte, daß er, obwohl die böse Macht des Satans absolute Realität sei, nicht glaube, daß der Fluch wirksam werde. Im Gegenteil, Pony Boy Chee habe alle Aussicht, alt und grau zu werden, trotz seiner Bosheit.

Am gleichen Sonntagnachmittag wurde Pony Boy Chee auf dem Friedhof geschnappt. Die Navajo-Polizei verhaftete ihn als Grabschänder. Als sie unterwegs zum Gefängnis waren, brach ein heftiges Gewitter los. Es goß wie aus Kübeln. Die Polizisten sahen sich gezwungen, am Straßenrand anzuhalten und das Ende des Sturms abzuwarten.

Pony Boy Chee packte die Gelegenheit beim Schopf, sprang aus dem Wagen und rannte davon. Er war keine hundert Schritte gelaufen, als der Blitz einschlug und den Flüchtigen auf der Stelle tötete. Die Polizei vermutete, daß die eisernen Handschellen den Blitz angezogen hatten. Der Medizinmann aber lächelte geheimnisvoll und sonnte sich in der neuen Macht, die er über die gewonnen hatte, die an die Erfüllung seines Fluches glaubten.

Ich liebte meine Arbeit auf der Missionsstation und hatte Lola und Missionar Bell sehr gern. Doch nach einem Jahr stellte ich fest, daß eigentlich andere Methoden in der Missionsarbeit unter Indianern angewandt werden müßten. Indianer selbst sollten ihre Stammesgenossen missionieren. Der weiße Mann wird die Indianer nie erreichen, solange er sie als minderwertig, unzuverlässig und naiv betrachtet. Ja, Indianer müssen zu Missionaren werden – das ist es.

Ich wollte die Missionsarbeit eigentlich nicht aufgeben, weil ich die indianischen Christen liebte. Trotzdem hatte ich keine Ruhe mehr. Ich wußte, daß meine Zeit hier abgelaufen war. Im geistlichen Leben hatte ich Fortschritte gemacht, und die Gemeinschaft mit Christen hatte mir in jeder Beziehung gut getan. Ich würde dieses Jahr in schönster Erinnerung behalten. Die Bells und ich würden trotz aller Meinungsverschiedenheiten gute Freunde bleiben.

Am letzten Abend vor meiner Abreise stand ich schweigend vor dem Haus und sah in die Wüste hinaus, wo die Sonne als rote Kugel im Sand verschwand. Nun war sie nur noch ein leuchtender Streifen, und wenige Augenblicke später war nichts mehr von ihr zu sehen. Ich war so einsam, daß ich am liebsten geweint hätte. Die Stimmen von Lola und Mr. Bell drangen aus dem Haus. Die beiden sprachen über ganz belanglose Dinge. Hatte sie daran gedacht, die Lichtrechnung zu bezahlen? Und hatte er bemerkt, daß die Katze bald Junge kriegen werde? Kleine, unwichtige

Dinge – gerade sie kitten das Leben zweier Menschen aneinander.

Würde ich auch einmal einen Menschen haben, mit dem ich über solch kleine, unbedeutende Dinge reden konnte? Ich bezweifelte es. Was hatte ich denn schon zu bieten? Meine Angehörigen hatten mich „Doppel-Häßlich" genannt, weil ich zweimal so häßlich war als irgend jemand anders. Kein Mann würde ein solches Mädchen heiraten wollen. Wenn ich doch nur auf irgendeine Art schön werden würde! Ich wartete darauf, „aufzublühen" wie andere Mädchen, aber statt zu erblühen, welkte ich schon als Knospe dahin. Ich konnte mir kein besseres Aussehen verschaffen. Für mich gab es keine Aschenbrödelgeschichte mit Happy End. Ich zuckte zusammen, wenn ich mich im Spiegel betrachtete. Wenn ich nur etwas Schönes an mir hätte – ich würde das Beste daraus machen! Aber da war nichts, gar nichts. Meine Onkel hatten recht – ich war Doppel-Häßlich.

„O Gott!"

Beinahe hätte ich gefragt, weshalb er mich nicht hübsch gemacht hatte. Aber da diese Frage sinnlos war, sagte ich nur: „Hilf mir, mich nicht nach etwas auszustrecken, das ich nicht haben kann. Ich weiß, daß ich nie ein richtiges Zuhause, einen Mann und Kinder haben werde. Deshalb bitte ich dich, mir zu helfen, auf diese Wünsche zu verzichten und mir an dir genügen zu lassen."

Schuldgefühle stiegen in mir hoch, als ich das letzte Mal den staubigen Weg zur Missionsstation unter die Füße nahm. Gott allein sollte für einen Menschen doch genügen! Weshalb wollte ich noch mehr! Außerdem – vor nicht allzu langer Zeit hatte ich überhaupt nichts! War ich unbescheiden? Würde mich je einmal etwas befriedigen?

8

Die Rückkehr zu Audrey und Pastor McPherson war ein einziges Fest. Wir unterhielten uns stundenlang und versuchten, die Ereignisse eines ganzen Jahres in einem einzigen Tag unterzubringen. Wieder einmal blieb ich bei ihnen, bis ich Arbeit und eine Wohnung fand.

Ich besuchte Onkel Flint, der unterdessen Vater eines Jungen geworden war. Auch Cloud hatte geheiratet und eine Tochter bekommen. Beide schienen mit ihrem neuen Leben zufrieden, und beide waren entschiedene Christen geworden.

Ein Zuhause, eine Frau und ein kleines Kind hatten es fertiggebracht, auf Flints Gesicht ein Lächeln zu zaubern. Er hatte eine sichere Stellung, arbeitete schwer und schmiedete Zukunftspläne für seinen Sohn. Er hatte Frieden mit Gott, mit sich selbst und der Welt gefunden.

Ich fand Arbeit in einer Schreibwarenhandlung und verkaufte Briefpapier und Karten. Die Arbeit war leicht, und ich hatte mich bald mit den Kollegen angefreundet. Daisy, eine junge Christin, wurde meine Freundin. Wir plauderten, lachten und beteten miteinander.

Ich hatte den Eindruck, daß alle Leute auf der ganzen Welt verheiratet waren – außer mir. Ich las Bücher wie „Ledig und doch glücklich" und sogar solche, die Ratschläge gaben, wie man sich einen Ehemann angeln konnte. Aber nichts wollte helfen.

Ich verbrachte Stunden im Gespräch mit Pastor McPherson, und jedes Gespräch verlief ungefähr gleich:

„Ich bin so einsam", begann ich.

„Ich weiß", nickte er.

„Ich möchte heiraten", fuhr ich fort.

Er lächelte. „Heiraten allein wird deine Einsamkeit nicht vertreiben. Einige der einsamsten Menschen, die ich kenne, sind verheiratet."

„Alles andere wäre besser als mein jetziger Zustand", bohrte ich weiter.

„Nein, du irrst dich. Du könntest es noch viel schlechter haben. Glaube mir, in meine Sprechstunde kommen jede Woche wenigstens ein Dutzend Leute, die unglücklich verheiratet sind und alles dafür gäben, wenn sie wieder ledig wären."

Ich nickte. Ich wußte, daß er recht hatte. Ich kannte viele unglücklich verheiratete Frauen.

„Du bist noch jung. Es ist ganz natürlich, daß du einen Ehepartner haben möchtest. Du hörst den „Ruf der Wildnis". Hab' Geduld. Wenn du jetzt einen Fehler machst, könntest du dein ganzes Leben zerstören."

„Sie kennen nicht zufällig einen Halbblut-Indianer, der eine Frau sucht, die ihm das Zelt warm hält?" fragte ich im Scherz. Aber er ging nicht darauf ein, und auch nicht der Schimmer eines Lächelns huschte über sein Gesicht.

„Möchtest du einen – einen Mann heiraten, der ein halber Indianer und ein halber Weißer ist?" Er wollte den Ausdruck „Halbblut" nicht gebrauchen.

„Ich weiß nicht, wer mich sonst nehmen sollte – ein Vollblutindianer jedenfalls nicht."

„Du würdest aber nicht mehr ins Reservat zurückgehen und dort leben wollen, oder?"

„Nein", rief ich. „Dort war zu viel Armut, zu viel Hunger und Elend." Dorthin wollte ich nicht zurückkehren. Ich könnte nicht mehr in einer Einzimmerhütte mit schmutzigem Fußboden leben. Ich wünschte mir ein richtiges Haus mit Elektrizität und fließendem Wasser.

„Du mußt einen Christen heiraten. Und bevor du ihn heiratest, mußt du sicher sein, daß er wirklich Christ ist.

Nach der Hochzeit wird er sich kaum mehr ändern."

„Zuerst muß ich ihn finden!" antwortete ich murrend.

„Laß dir Zeit! Sonst würdest du ihn vielleicht an der nächsten Ecke wieder stehen lassen!" Er unterbrach sich. „Oder vielleicht möchte Gott, daß du ledig bleibst?"

„Wahrscheinlich. Sonst hätte er mich nicht so häßlich gemacht", sagte ich bitter.

„Schrei im Wind, du bist noch so jung! Du hast genug Zeit, dich umzusehen und auf den Richtigen zu warten. Laß dich von Gott leiten."

„Das ist leicht gesagt. Sie sind nicht allein. Sie haben Audrey."

„Ja, das stimmt. Manchmal ist es einfach, gute Ratschläge zu geben." Er schwieg lange, dann fuhr er fort: „Sei nicht traurig!" Und der Name Gelber Donner hing unausgesprochen in der Luft.

Ich ging zurück in meine Wohnung, schloß die Tür hinter mir und blieb im Dunkel stehen. Die Einsamkeit legte sich wie ein Rauhreif auf mich und ließ mich frieren und zittern.

Bald war Valentinstag. Wie ich diesen Valentinstag haßte! Er erinnerte mich mit Nachdruck an die Tatsache, daß ich allein war. Ich hatte nie einen Valentin gehabt und würde vermutlich auch nie einen haben.

Ich steckte die Valentinskarten auf den Ständer. Dumme Karten! Ich zog eine heraus, um sie ins Schaufenster zu legen, und zögerte dann. Es war eine wunderschöne Karte. Mit einem großen, roten Herzen, auf dem geschrieben stand: „Für dich, Liebling. Ich liebe dich mein Leben lang!" Ich hielt sie in den Händen und las die Worte immer wieder. Einer plötzlichen Eingebung folgend, zog ich meine Brieftasche und bezahlte die Karte, als Daisy gerade nicht hersah.

Am Abend stellte ich sie auf meinen Tisch und betrachtete sie während des Essens. Wie sehr wünschte ich mir einen wirklichen Valentin! Welche Wirkung kann doch ein dummes Blatt Papier ausüben, wenn ein Herz darauf gemalt ist!

Daisy kam zu Besuch und entdeckte bald den Valentin auf meinem Tisch. Sie nahm die Karte zur Hand.

„Oh, Schrei im Wind, wie hübsch! Woher kommt sie?" Sie öffnete das Kärtchen. „Keine Unterschrift!"

Ich schwieg.

„Ein heimlicher Verehrer!" Sie schnappte nach Luft. „Wie aufregend! Hast du eine Ahnung, wer es ist?" Behutsam stellte sie die Karte wieder auf den Tisch.

Gern hätte ich ihr den wahren Sachverhalt verschwiegen, aber Daisy war mir zu lieb, um sie täuschen zu können.

„Ich habe sie selbst gekauft", bekannte ich kleinlaut.

„Ach – mein dummes Mundwerk!" entschuldigte sie sich.

Nachdem sie gegangen war, nahm ich die Karte, sah sie mir noch einmal an und warf sie dann in den Papierkorb.

Die Monate vergingen. Ich lebte nur von einem Tag zum anderen und gab mir Mühe, jeden Gedanken an die Zukunft zu verdrängen. Ich ging regelmäßig zum Gottesdienst, aber die erste Freude, die erste Liebe zu Gott, war nicht mehr da. Der Himmel war grau, die Stürme tobten. In meiner Welt gab es keine Farbe, keine Freude mehr!

9

Das Geschäft wurde umgebaut, und wir bekamen drei Tage frei. Ich wollte ausschlafen und lesen, aber das Telefon klingelte frühmorgens und riß mich aus tiefem Schlaf. Es war Daisy, die mich zu einem Picknick einlud.

„Ich gehe nicht mit. Ich bin zu müde", gähnte ich. „Nächstes Mal!"

„Nein, wir rechnen mit dir. Die frische Bergluft wird dir guttun! In einer Viertelstunde bin ich bei dir. Beeil dich!" und sie hängte ein.

Ich legte den Hörer auf die Gabel und kroch wieder ins Bett. Eigentlich könnte ich wieder einschlafen und ihr Klopfen überhören. Ich blinzelte. Nein, Daisy konnte ich nicht überhören. Sie würde so lang an die Tür pochen, bis ich öffnete. Ich konnte genauso gut sofort aufstehen. Diesmal würde ich mitkommen, aber später nie mehr. Ich war gereizt und müde. Ein Picknick in den Bergen war das letzte, nach dem mir der Sinn stand. Ich zog alte, geflickte Jeans an und ein Hemd, das meinem Onkel gehört hatte. Kaum war ich mit der Bürste durch das Haar gefahren, da hörte ich auch schon das Hupsignal. Schlaftrunken taumelte ich hinaus und ließ mich auf den Rücksitz des Wagens fallen, neben zwei andere Mädchen.

„Ich bin müde", murmelte ich. Daisy, ihr Onkel und die anderen Mädchen lachten und scherzten, während ich zum Fenster hinaussah und wünschte, ich wäre wieder im Bett.

„Onkel Dan will weiter hinaufgehen und fischen, während wir kochen", rief Daisy über die Schulter hinweg nach hinten.

Ich zitterte. Ein Fischer! Meine Haut begann zu kribbeln. In den Augen meiner Leute sind Fische unrein und beherbergen den Geist böser Weiber. Meine Leute würden nie Fisch essen! Wirklich, dieser Tag war gar nicht nach meinem Geschmack.

Nach einer Stunde Fahrt auf schmalen Serpentinen erreichten wir die Paßhöhe, und Daisy rief vergnügt: „Wir sind am Ziel! Alles aussteigen!" Wir griffen nach Picknickkörben und Decken, Onkel Dan nahm die Angelrute und verschwand in Richtung Fluß.

Ich breitete eine Decke, die als Tisch dienen sollte, aus und half, den Imbiß vorzubereiten.

Nachher kletterten Daisy und ihre Freundinnen auf den Felsen, auf dem Dan seine Rute ausgelegt hatte, und gaben ihm gute Ratschläge. Zuerst hielt ich mich abseits, aber bald wurde mir das Alleinsein langweilig, und ich ging zu den anderen.

Wir lachten und scherzten, und die Mädchen hänselten Dan weidlich. Gutmütig ließ er es sich gefallen. Ich lachte mit und plötzlich war ich froh, mitgekommen zu sein.

„Weshalb geht ihr Gören nicht zu meinem Kollegen da drüben? Ihm könnten eure Ratschläge vielleicht helfen, und ich hätte endlich meine Ruhe beim Fischen!"

Erst jetzt bemerkte ich den Fischer, der weiter unten am Fluß angelte. Ich konnte ihn nicht klar erkennen, weil die Entfernung zu groß war, aber er schien jung und hochgewachsen zu sein.

Daisy warf einen Blick in seine Richtung. „Gut, fragen wir ihn, ob er schon was gefangen hat und welche Köder er verwendet." Die Mädchen liefen über die grünen Wiesen und an den Felsblöcken vorbei auf den anderen Fischer zu.

Ich setzte mich auf einen Felsen, lehnte mich gegen einen Baum und beobachtete den Fluß.

Dan legte die Rute hin und murmelte etwas von Köder

holen und zum Wagen zurückgehen und ließ mich allein.

Ich betrachtete die Angelrute neben mir. Ich hatte noch nie gefischt. Wozu sollte ich auch etwas fangen, das ich nie essen würde? Nein, Fische waren schmutzig und ungenießbar. Obschon ich jetzt Christ war und genau wußte, daß in den Fischen keine bösen Geister hausten, brachte ich es nicht über mich, einen zu essen.

Heimlich schubste ich die Rute mit meinem Fuß. Was für ein merkwürdiges Ding – eine Schnur und ein Haken an einem Stock! Es sah nicht aus, als wäre es schwer zu handhaben. Ich begriff nicht, weshalb die Leute soviel Aufhebens davon machten.

Ich warf einen Blick zum Wagen hinüber. Dan rumorte im Kofferraum und wandte mir den Rücken zu. Die Mädchen waren nirgends zu sehen. Einem plötzlichen Impuls folgend, nahm ich die Rute in die Hand, stand auf und tauchte den Angelhaken ins Wasser. Wäre es nicht toll, wenn ich einen großen Fisch fangen würde? Ich lächelte vor mich hin. Das wäre der Clou des Tages! Wahrscheinlich mußte ich den Haken in tieferes Wasser werfen, als Dan es getan hatte. Achtung, zuerst das kleine, runde Ding stoßen, dann die Rute zurückziehen, und der Haken landet im tiefen Wasser!

Etwas hatte ich falsch gemacht! Der Haken wollte nicht ins Wasser fallen! Suchend drehte ich mich um. Da – ich hatte den Haken auf einen Baum geworfen und er war an einem Ast hängengeblieben. Ich zog ein paarmal an der Rute. Sie krümmte sich, aber der Haken hing fest. Ich warf einen verstohlenen Blick nach dem Wagen. Dan saß auf der Decke und trank Kaffee. Er konnte mich nicht sehen. Wieder zog ich an der Rute. Die Schnur gab nicht im geringsten nach! Panik erfaßte mich. Weshalb hatte ich das dumme Ding nicht in Ruhe gelassen! Wahrscheinlich hatte ich jetzt Dans Fischerrute kaputt gemacht. Ich stand da wie ein begossener Pudel. Ob ich auf den Baum klettern sollte und den Haken herunterholen? Nein, das war kein Baum zum Klettern. Was um alles in der Welt sollte ich bloß machen? Ich stand da und schaute hilflos in die Baumkrone hinauf.

„Auf dem Baum wachsen keine Fische", sagte plötzlich eine Männerstimme hinter mir.

Ich ließ die Rute los, fuhr herum und blickte in ein gutgeschnittenes Gesicht und zwei graue Augen.

Der Mann griff in die Zweige, löste den Haken und rollte die Schnur auf. Dann übergab er mir die Rute, die ich mit einem tiefen Seufzer wieder dorthin legte, wo ich sie genommen hatte.

Ich fühlte den Blick der grauen Augen auf mir ruhen und wünschte sehnlichst, der Mann würde verschwinden. Im gleichen Augenblick hörte ich die Stimme der Mädchen, die sich einen Weg durchs Unterholz suchten. Daisy kam zuerst aus dem Wald und zupfte die Blätter aus ihrem Haar.

„Oh, Don ist bei dir! Wir haben ihn zum Essen eingeladen!" Daisy und die anderen Mädchen kamen auf uns zu. „Hat er dir erzählt, daß er aus Alaska kommt? Er verbringt seinen Urlaub hier", fügte sie hinzu und ging weiter.

Ich lief ihr nach und fragte mich, ob Grauauge wohl jemandem erzählen würde, daß er mir geholfen hatte. Aber er erwähnte kein Wort davon.

Onkel Dan, der Fischer und die Mädchen unterhielten sich über die Berge, das Fischen und über Alaska. Seine Antworten ließen die tiefe Liebe erkennen, die er zu seiner rauhen Heimat im Norden hegte.

Ich saß auf dem äußersten Zipfel der Decke und versuchte zu essen, aber jedesmal, wenn ich die Augen vom Teller hob, merkte ich, daß Grauauge mich beobachtete. Ich wurde so nervös, daß mir der Appetit verging.

Nach dem Essen schlug Dan vor, höher zu steigen und den Wasserfall zu besichtigen. Ganz langsam faltete ich die Decke zusammen und machte mir so lange damit zu schaffen, bis die anderen weit voraus waren. Dann erst folgte ich ihnen langsam.

Ich wollte sie erst beim Wasserfall einholen. Dort oben wollten wir über den Fluß setzen und auf der anderen Seite bis zum Gipfel steigen. Die schmalste Stelle war etwa einen Meter breit, und unten gurgelte das Wasser. Dan war der erste, der sprang. Es sah ganz leicht aus. Daisy war die nächste. Sie verlor den Halt und krabbelte auf allen vieren auf festen Grund. Dann sprangen die anderen Mädchen, und Grauauge mit seinen langen Beinen konnte einfach hinübergehen. Nun drehten sich alle um und warteten auf mich. Ich blieb zögernd auf dem Felsen stehen und warf einen ängstlichen Blick auf die Wassermassen unter mir. Sollte ich wirklich da hinüber?

„Komm schon, Schrei!" drängte Daisy.

Der Alaska-Mann beugte sich über das Wasser und streckte mir die Hand entgegen. „Hier, meine Hand. Ich helfe Ihnen", sagte er.

Ich zögerte. Eigentlich wollte ich seine Hand nicht ergreifen, aber ich hatte Angst, daß ich ohne Hilfe ins Wasser fallen würde.

„Nur keine Angst! Ich lasse Sie nicht fallen!" nickte er mir aufmunternd zu.

Ich holte tief Atem und streckte die Hand aus. Starke Hände ergriffen sie und zogen mich über das Wasser. Jetzt war ich in Sicherheit, aber die starke Hand hielt die meine noch immer fest. Ich wollte mich losmachen, aber Grauauge führte mich behutsam und sicher bis zum Gipfel. Erst als wir oben waren, erlaubte er mir, meine Hand aus der seinen zu lösen.

Daisy und die Mädchen pflückten Blumen, und Dan saß auf einem Stein, um sich von den Strapazen zu erholen.

Der Alaska-Mann bückte sich, pflückte eine Akelei und betrachtete sie.

Der Alaska-Mann

„Können Sie eigentlich auch reden?" fragte er.

Ich nickte.

Da lächelte er und gab mir die Blume.

„Sie ist hübsch", sagte ich.

„Genau wie Sie!" erwiderte er.

Forschend sah ich ihn an. Scherzte er? Nein, er lachte nicht. Mein Herz stand still, und dann begann es ganz schnell zu pochen. Ich drehte mich um und ging zu Daisy hinüber, um bei ihr Schutz zu suchen. Als ich zurückblickte, sprach der Mann mit Dan und schien mich vergessen zu haben.

Weshalb konnte er nicht zu seinen Fischen zurückgehen und uns in Ruhe lassen! Schließlich war es unser Picknick, nicht das seine!

Wir kehrten auf einem anderen Weg zum Wagen zurück, und ich hielt mich möglichst fern vom Alaska-Mann. Erst als wir einsteigen wollten, trat er wieder auf mich zu.

„Haben Sie einen Freund?" erkundigte er sich.

Ich schüttelte den Kopf.

„Darf ich Sie wiedersehen?" bat er.

Ich warf einen Blick in die Runde. Alle beobachteten uns, und ich lief rot an wie eine Tomate.

„Wo sind Sie zu Hause?" fragte er.

Dan ließ den Motor an.

Da mischte sich Daisy ein. „Wenn Sie hier noch niemanden kennen – weshalb kommen Sie nicht am Sonntag in unsere Kirche? Wir würden uns freuen, Sie zu sehen. Es ist die kleine Backsteinkirche in der dreißigsten Straße." Dann fügte sie hinzu: „Schrei im Wind versäumt nie einen Gottesdienst", und kicherte.

Der Alaska-Mann lächelte ihr zu. „Danke! Dann also bis Sonntag!"

Ich widerstand der Versuchung, ihn noch einmal anzusehen, bevor wir wegfuhren. Statt dessen heftete ich meine Blicke auf die wilde Akelei, die ich immer noch in der Hand hielt.

Unterwegs stießen sich die Mädchen mit den Ellenbogen an und kicherten – Dan habe zwar keinen Fisch, aber Schrei im Wind vielleicht einen Mann gefangen! Ich war glücklich, als sie mich endlich vor meiner Wohnung ablieferten.

Später, als ich allein war, legte ich die Blume behutsam zwischen zwei Seiten eines Buches. Den Tag würde ich nie vergessen, an dem ein Fremder mich, Doppel-Häßlich, als hübsch bezeichnet hatte!

Als ich am Sonntagmorgen zur Kirche ging, fragte ich mich, ob Grauauge wirklich dasein würde. Ich wünschte, er möchte nicht kommen. Irgendwie fühlte ich mich in seiner Nähe unbehaglich. In der Kirche entdeckte ich ihn nicht und atmete erleichtert auf. Nun, auch recht. Ich würde ihn also nie wiedersehen.

Kaum hatte ich mich gesetzt, als sich jemand neben mich setzte. Ich schaute auf und geradewegs in die Augen des Alaska-Mannes. Mit zitternden Händen hielt ich das Gesangbuch, und hin und wieder warf ich einen verstohlenen Blick auf den Mann neben mir. Er hatte ein scharfgeschnittenes Gesicht und ein viereckiges Kinn. Mit dem blonden Haar und den grauen Augen war er wirklich ein „Bleichgesicht". Nur wenn er lächelte, funkelten seine grauen Augen warm und herzlich. Er war groß und hatte breite Schultern. Seine Hände waren kräftig und mit Narben und Schwielen bedeckt, Zeichen harter Arbeit.

Es war das erstemal seit ich zur Kirche ging, daß ich danach keine Ahnung mehr von der Predigt hatte. Meine Gedanken waren bei dem Fremden neben mir.

Kaum war das letzte Amen verklungen, standen wir auf und wollten hinausgehen. Einige Kirchgänger kamen neugierig auf uns zu, um den „Mann neben Schrei im Wind" zu begrüßen. Während er sich mit ihnen unterhielt, huschte ich auf die andere Seite hinüber zu Audrey.

„Ist das jetzt dein Freund?" fragte sie lächelnd.

„Ich kenne ihn nicht. Er ist Daisys Freund", sagte ich achselzuckend.

„Merkwürdig, daß er sich dann nicht zu Daisy gesetzt hat", fand sie. „Komm, bleib doch zum Essen bei uns. Du kannst deinen Freund mitbringen. Wir würden uns freuen, ihn bei uns zu haben!" Sie tätschelte meinen Arm und wandte sich dann den anderen Leuten zu.

Grauauge stand plötzlich neben mir. „Darf ich Sie zum Mittagessen einladen?"

„Nein, danke. Ich bin schon anderswo eingeladen. Danke trotzdem."

Er sah irgendwie enttäuscht aus. „Können wir uns vielleicht am Nachmittag treffen?"

„Ich habe keine Ahnung, wann ich heimkomme."

„Macht nichts. Ich kann warten. Wo wohnen Sie denn?"

Ich blickte mich hilfesuchend um, aber alle schwatzten miteinander. Ich gab ihm meine Adresse und lief zu Audrey, die schon auf mich wartete.

Während des Mittagessens stellten Audrey und Pastor McPherson viele Fragen über „den Mann, der Schrei im Wind bis in die Kirche folgte."

„Ich kenne ihn doch gar nicht", sagte ich hilflos. „Er ist fremd hier, und ich werde ihn wahrscheinlich nie wiedersehen."

„Oh, ich bin überzeugt davon, daß er wieder auftaucht", lachte Audrey.

Ich war froh, als wir endlich auf ein anderes Thema zu sprechen kamen.

10

Ich war vor etwa einer Stunde nach Hause gekommen und malte an einem Sonnenuntergang, als jemand an die Tür klopfte. Als ich öffnete, fand ich mich wieder einmal Auge in Auge mit dem Alaska-Mann.

„Hallo! Ich habe einmal gehört, daß man Blumen und Bonbons mitbringen soll, wenn man ein schönes Mädchen besucht!" Er lächelte und streckte mir ein Lutschbonbon und ein paar welke Löwenzahnblüten entgegen. „Ich hätte Ihnen gern etwas mitgebracht, aber ich habe kein einziges geöffnetes Geschäft gefunden."

„Ich habe Ihr Auto gar nicht gehört", bemerkte ich.

„Es muß überholt werden, deshalb ist es jetzt in der Werkstatt. Ich bin zu Fuß hergekommen – vom Park des Roten Felsen."

„Das sind ja fast acht Kilometer!" rief ich bestürzt.

„Ach, das ist gar nicht so weit! Übrigens – ich hatte das Gefühl, der Weg bis zu Ihnen sei wenigstens dreitausend Kilometer lang!" Ich bat Don, hereinzukommen.

Wir bastelten den ganzen Nachmittag an einem Puzzle, das ich früher einmal begonnen hatte. Mir fiel beim besten Willen nichts ein, worüber wir sprechen konnten, und jedesmal, wenn er die Stille mit einer Frage unterbrach, konnte ich nur mit ja oder nein antworten. Dann saßen wir wieder lange Zeit wie Stockfische da und schwiegen uns an.

Er fügte das letzte Stück in das Puzzle ein, stand auf und streckte sich. „Ich muß jetzt den Wagen holen. Können wir heute abend miteinander ausgehen?"

Ich zögerte. Was um alles in der Welt sollten wir den

ganzen Abend miteinander reden! Überhaupt - ich hatte keine passenden Kleider, keine Schuhe - nur alte, abgetragene Mokassins.

„Nein - ich glaube nicht", sagte ich gedehnt.

„Wir könnten irgendwohin gehen - wohin Sie gern möchten", drängte er.

Ich stand da und starrte zu Boden. „Mir fällt nichts ein."

„Ich komme später wieder, dann gehen wir miteinander essen." Er ging.

Ich schloß die Tür und murmelte vor mich hin: „Ich habe doch gar nicht gesagt, daß ich mit dir gehen will!"

Nach dem Essen begleitete mich Don nach Hause. Während ich in meiner Handtasche nach dem Schlüssel suchte, erklärte er: „Eines Tages werde ich dich heiraten. Ich bleibe nur noch wenige Tage hier, dann muß ich zurück nach Alaska. Aber ich komme wieder, und dann heiraten wir."

Ich ließ die Tasche fallen, und ihr Inhalt verstreute sich über den Fußboden. „Das ist doch wohl nur ein Witz!", stieß ich hervor.

„Nein!" Er sammelte meine Siebensachen ein, steckte sie in die Tasche und drückte mir mein Eigentum wieder in die Hand. „Nein, das ist kein Witz. Ich glaube, daß wir füreinander bestimmt sind. Unsere Bekanntschaft ist kein Zufall. Vom ersten Augenblick an wußte ich, daß du die Richtige für mich bist." Er umarmte und küßte mich. „Ich liebe dich, Schrei im Wind."

Sobald ich mich vom ersten Schrecken erholt hatte, murmelte ich: „Tut mir leid. Ich kann niemanden heiraten, der nicht zu meiner Kirche gehört."

„Ich kann ihr beitreten."

„Zuerst mußt du ein Christ sein."

„Ich bin Christ!"

„Weshalb möchtest du mich denn überhaupt heiraten?"

„Weil ich dich liebe. Ich werde zwar nie reich sein, aber

ich werde mit meiner Hände Arbeit genug zu essen und genug Kleider für dich verdienen. Und ich will für dich sorgen und jeden Sonntag mit dir zur Kirche gehen."

„Das geht zu schnell. So schnell kann ich nicht einmal denken", sagte ich und versuchte verzweifelt, den Schlüssel ins Schloß zu stecken. Ich zitterte wie Espenlaub, und mein Schlüssel wollte und wollte das Schloß nicht finden.

„Ich habe keine Zeit, das alles ordnungsgemäß zu erledigen. Ich kann dir weder den Hof machen noch Geschenke bringen. Das werden wir alles nach der Hochzeit besorgen. Sieh mal, ich begreife sehr gut, daß du jetzt noch nichts für mich übrig hast, aber das wird sich eines Tages ändern." Er wartete auf eine Antwort.

„Ich will darüber nachdenken", sagte ich und verschwand hinter der Tür.

Ich konnte es nicht fassen! Ein Mann hatte mich tatsächlich um meine Hand gebeten! Es machte ihm nichts aus, daß ich ein mageres, häßliches Halbblut war!

In dieser Nacht schlief ich nicht. Natürlich war es verrückt, daran zu denken, einen wildfremden Mann zu heiraten. Ich wußte überhaupt nichts von ihm. Außerdem gehörte er nicht zu der Art Männer, die mir gefielen. Ich wollte Gelber Donner heiraten, aber er hatte mich verschmäht. Wenn das nun meine einzige Chance war, jemals zu heiraten? Und was geschah, wenn ich diesen Don Stafford nicht nahm? Dann würde ich eine alte Jungfer und bliebe mein Leben lang allein. Ich durfte nicht zu wählerisch sein. Überhaupt, wer war ich denn eigentlich? Ich war weder hübsch noch klug noch reich. Was konnte ich einem Mann schon bieten? Sicher, Pastor McPherson hatte mir einmal gesagt, daß ich wertvoller als ein Stern sei, aber ich konnte mir nicht vorstellen, einem Mann beizubringen, daß er sich glücklich schätzen solle, mich zu bekommen, weil ich in Gottes Augen wertvoller war als ein Stern!

Früh am nächsten Morgen rief mich Pastor McPherson an und erzählte mir, daß mein Freund, Don Stafford, bei ihm gewesen sei und sich um die Mitgliedschaft in seiner Kirche beworben habe. Die Aufnahme sollte am kommenden Sonntagmorgen erfolgen. Ich war sprachlos.

Etwas später erschien der Alaska-Mann bei mir. Er brachte mir einen silbernen Anhänger, auf dem die Worte eingraviert waren: „Ich liebe dich – Don."

„Hast du dir die Sache überlegt?" fragte er.

„Ja."

„Und?"

„Ich weiß es nicht", gab ich zur Antwort.

„Verstehe. Da du mich ja ohnehin nicht kennst, könnte ich genausogut Blaubart oder Jack the Ripper sein."

„Wie bitte?"

„Schon gut", wehrte er ab.

„Ich danke dir für den Anhänger." Ich legte das Kettchen um den Hals.

„Ich habe noch etwas anderes gekauft – für den Fall!" Er gab mir eine kleine Schachtel.

Ich öffnete den Deckel. Zwei goldene Eheringe lagen vor mir. Weshalb fanden die weißen Menschen ausgerechnet Gold schön? Mir gefiel Silber oder Türkis weitaus besser.

Ich war müde. Müde von der Arbeit, müde vom Alleinsein, müde, Entscheidungen zu treffen, müde, für meine Zukunft zu bangen. „Wenn du mich willst, dann heirate ich dich halt." Ich seufzte. Was hatte ich schon zu verlieren?

Er packte mich und hob mich hoch in die Luft. Wenn er mich nur ein klein wenig fester gedrückt hätte, wären vermutlich meine sämtlichen Rippen gebrochen. Ein einziger Gedanke flog durch meinen Kopf: Was habe ich bloß getan!

Am Abend besuchte ich Pastor McPherson in seinem Büro. „Don hat mich gebeten, ihn zu heiraten", erzählte ich.

„Und was hast du geantwortet?" fragte er.

„Ja!" entgegnete ich verlegen.

„Liebst du ihn denn?"

Schwer lastete die Stille auf mir – ich konnte sie beinahe fühlen. „Ich bin müde. Ich will nicht länger allein sein." Es war nur noch ein Flüstern.

„Ich möchte, daß du glücklich wirst. Glaubst du, daß du mit Don glücklich sein kannst?" fragte er.

„Das weiß ich nicht. Ich glaube, er ist sehr nett. Außerdem findet er mich zum Heiraten nicht zu häßlich. Wahrscheinlich würde mich ohnehin kein anderer nehmen."

„Hast du darüber gebetet und Gott nach seinem Willen gefragt?"

„Ich habe gebetet, aber keine Antwort gehört", gab ich zu. Ich schwieg und betrachtete den Fußboden.

„Die Ehe ist kein Kinderspiel. Es gibt Schwierigkeiten, auch wenn zwei sich lieben", sagte Pastor McPherson. „Aber die Liebe ist der Kitt, der die Eheleute zusammenhält. Ohne Liebe – nun –" er machte eine hoffnungslose Bewegung mit der Hand.

„Wahrscheinlich mag er mich schon, sonst hätte er mich nicht gefragt. Er könnte eine Bessere haben, aber er hat mich gewählt. Es ist das erstemal in meinem Leben, daß jemand mich will. Außerdem – was habe ich schon zu verlieren?" fragte ich.

Pastor McPherson seufzte und schloß die Augen. „Schrei im Wind! Wenn du nur wüßtest! Ich könnte dir herzzerreißende Geschichten über Leute erzählen, die unglücklich verheiratet sind."

„Aber ich bin einsam!"

„Du kannst heiraten und doch einsam bleiben."

„Vielleicht wird diese Sache mit der Liebe übertrieben?

Vielleicht erwarten die Leute zuviel von der ehelichen Liebe und werden deshalb enttäuscht? Am Ende sollte man gar nichts erwarten, wenn man heiratet, dann wird man auch nicht enttäuscht", entgegnete ich.

„Wie stellst du dir das Leben mit Don vor?" wollte er wissen.

„Keine Ahnung. Ich besorge den Haushalt und die Küche, und er kümmert sich um das nötige Geld. So hat jeder seinen Bereich."

„Und wie steht's mit Kindern?" fragte er offen.

Ich lief rot an. „Ich will keine."

„Wie denkt denn Don darüber?"

„Keine Ahnung. Davon haben wir noch nicht gesprochen."

„Schrei im Wind! Wie stellst du dir denn dein zukünftiges Leben vor?"

„Bis jetzt war mein Leben nicht sehr viel wert. Vielleicht wird es jetzt besser. Ich weiß nur eines – ich will nicht mehr allein sein."

„Aber du bist doch gar nicht allein!" wandte er ein. „Gott liebt dich, wir haben dich lieb, und du hast Freunde in der Gemeinde –"

„Das weiß ich. Aber ich komme Abend für Abend in ein leeres Zimmer, esse meine Mahlzeiten allein und verbringe jeden Abend mit einem Buch. Ich weiß, daß Gott mich liebt, aber ich brauche jemanden, mit dem ich sprechen kann. Ich möchte heiraten", erklärte ich ihm.

„Aber das ist ja gerade das Unverständliche! Du sagst nicht: ich möchte Don heiraten. Du sagst einfach: Ich möchte heiraten." Er seufzte.

„Don hat mich darum gebeten, kein anderer. Drum will ich ihn heiraten", entgegnete ich störrisch.

„Für dein ganzes Leben, bis daß der Tod euch scheidet?" fragte er.

Ich gab keine Antwort.

„Die Ehe ist nicht wie einer deiner vielen Jobs. Du kannst sie nicht nach einer Woche wieder an den Nagel hängen, wenn es dir nicht paßt", warnte er mich.

„Ich will nicht mehr allein sein", wiederholte ich.

Er rieb sich die Augen, als ob er sehr müde wäre. „Du bist also fest entschlossen. Nun, ich kann dir nicht vorschreiben, wie du dein Leben gestalten sollst. Ich wollte, du würdest noch ein Weilchen warten, aber wenn du dazu nicht bereit bist, werde ich euch beide mit großer Freude trauen." Er drückte mir die Hand. „Gott segne dich, Schrei im Wind, und er helfe dir!"

Ich schrieb an Cloud und erzählte ihm, daß ich heiraten wolle. Sobald ich wüßte, wo wir leben würden, wollte ich ihm meine Adresse mitteilen.

Dann sagte ich es Flint.

„Was wirst du?" fragte er erstaunt.

„Ich hab gesagt, daß ich heiraten werde."

Er lachte laut heraus. „Ist das dein Ernst?"

„Ja! Ich werde in ein paar Tagen heiraten." Ich schluckte und wartete auf die Explosion, die kommen mußte.

„Wer ist er? Du hast ja keinem Menschen etwas davon erzählt!" lachte er.

„Ich habe ihn erst vor ein paar Tagen kennengelernt."

„Wer ist er denn? Woher kommt er? Zu welchem Stamm gehört er?" fragte Flint.

„Er heißt Don Stafford und ist aus Alaska." Ich atmete tief. „Er ist weiß."

„Er ist weiß? Du willst einen weißen Mann heiraten? Bist du verrückt geworden?" schrie er.

„Er wollte mich heiraten, und ich habe ja gesagt. Er hat sich meiner Kirche angeschlossen –" Meine Stimme versagte.

„Du weißt, wie man über Mischehen spricht! Wird dein Mister Stafford es ertragen, Squaw-Mann genannt zu werden? Und du wirst dir noch Schlimmeres als das anhören müssen! Das wird niemals klappen!" sagte er kopfschüttelnd.

„Ich habe mein ganzes Leben lang Schimpfnamen hören müssen. Das weißt du. Außerdem bin ich ein Halbblut, das bedeutet auch halb weiß. Indianer wollen mich nicht. Was soll ich aber deiner Meinung nach tun? Warten, bis irgendwann einmal ein Halbblut auftaucht?"

„Deine Mutter war Indianerin und dein Vater ein weißer Mann, und ihre Ehe hat nicht einmal einen ganzen Monat gedauert. Das sollte dir genügen!"

„Sie waren keine Christen. Don und ich, wir sind beide Christen", gab ich zurück.

„Du machst einen schrecklichen Fehler!" Aufgebracht schritt er hin und her. „Weshalb willst du dich auf so etwas einlassen?"

„Du solltest mich besser verstehen als irgend jemand sonst, Flint. Ich bin einsam", sagte ich leise.

„Du verkaufst dich!" schrie er.

„Ich heirate!" brüllte ich zurück.

„Nicht aus Liebe! Du heiratest nicht aus Liebe!" Jetzt brüllte er.

„Was weiß ich schon von Liebe! Ich bin noch nie geliebt worden", rief ich wütend.

„Du wirst es bitter bereuen! In spätestens einem Monat wird er dich wegen einer weißen Frau verlassen. Du wirst mit einem Kind dastehen und nicht wissen, wohin du gehen sollst. Und du wirst enden wie deine Mutter!"

Ich wollte nicht weiter diskutieren. „Bitte, Flint, komm zu meiner Hochzeit!"

„Nein!" brummte er.

„Ich bin auch zu deiner Hochzeit gekommen –"

„Wir haben aus Liebe geheiratet, nicht aus Geschäftsinteresse!" schnauzte er mich an.

„Versuch doch zu verstehen –"

„Ich verstehe sehr gut. Du hast dich verkauft!" Nun

senkte er die Stimme. „Warum will er dich überhaupt heiraten?"

„Das weiß ich nicht", entgegnete ich wahrheitsgetreu.

„Überleg dir doch mal – was soll denn nachher geschehen?"

Wieder hörte ich das gleiche Lied, das mich mein Leben lang begleitet hatte.

„Du bis häßlich wie eine Vogelscheuche, Schrei. Du hast eine plattgedrückte Nase und abgebrochene Zähne, du hast Eselsohren und bist spundeldürr, und außerdem bist du eine schlechte Köchin. Der Mann, der dich nimmt, muß verrückt sein!"

„Vielleicht ist er wirklich verrückt." Jetzt hatte ich genug. „Sieh mal, Flint, er sagte, er wolle mich heiraten. Nach deinen eigenen Worten kann ich es mir nicht leisten, wählerisch zu sein. Wenn er mich auch nur für einen einzigen Monat behält, dann weiß ich doch, daß jemand mich für kurze Zeit wirklich haben wollte. Und wenn ich nachher mit einem Kind dastehe, bin ich wenigstens nicht mehr allein. Ich hab' wirklich nichts zu verlieren."

Ich verließ Flint noch niedergeschlagener, als ich vorher war. Wieder einmal waren mir, dank der Worte meines Onkels, sämtliche Fehler bewußt geworden, und ich stellte mir erneut die Frage: Weshalb nur wollte der Alaska-Mann mich heiraten?

Die nächsten Tage vergingen wie im Flug. Wir hatten uns fünfmal getroffen, und Don brachte mich nach Hause.

„Morgen ist also unser großer Tag", stellte ich fest. „Wenn du immer noch..."

Er lächelte. „Ich liebe dich, Schrei!"

Ich wußte, daß er eigentlich erwartete, das gleiche von mir zu hören, aber ich brachte die Worte „Ich liebe dich" nicht über die Lippen, deshalb sagte ich einfach „danke" und schüttelte ihm die Hand. „Wir sehen uns morgen in der Kirche!" Mit diesen Worten verabschiedete ich mich von dem Mann, der morgen mein Ehemann werden sollte.

Es war ein kalter, windiger Tag. Ich erwachte, und die Angst packte mich mit eisernem Griff. Ich zitterte so heftig, daß ich nicht einmal meine Kaffeetasse halten konnte, ohne die Hälfte zu verschütten.

„Heute ist mein Hochzeitstag. Heute werde ich Don Stafford aus Alaska heiraten", flüsterte ich bang.

„O nein, kommt nicht in Frage!" antwortete ich mir, ging hinaus und schlug die Tür hinter mir zu.

Ich ging zum Reitstall, der ganz in der Nähe war, und mietete ein Pferd.

„Wie lange wollen Sie das Pferd haben?" fragte der Reitknecht.

Meine Hochzeit war auf zwei Uhr angesetzt. „Ungefähr bis vier", erwiderte ich. Ich gab dem Pferd die Sporen und galoppierte davon, hinauf in die Berge.

Das Pferd war zwar dick und schwerfällig, aber es war doch ein Pferd, und Reiten war immer noch besser als spazierengehen.

Ein guter Ritt hat mir immer wieder Mut und Kraft gegeben. Aber heute wurde es je länger, desto schlimmer mit mir. Ich stellte mir Grauauge vor, wie er vor der Kirche stand und auf mich wartete – ich dachte an die Leute, die dort herumstanden und auch warteten.

Nein! Nein, ich wette, daß Herr Stafford überhaupt nicht hingeht. Er wollte mich ja gar nicht wirklich heiraten. Er hat nur Spaß gemacht. Ich lächelte. Das wäre ein guter Witz! Wäre das nicht eine Bombenüberraschung für die Leute, wenn weder die Braut noch der Bräutigam zur Hochzeit erschienen? Und erst Pastor McPherson! Ich hätte gern sein Gesicht gesehen, wenn er den Leuten erklärte, daß leider keine Hochzeit stattfinden könne, weil

Braut und Bräutigam sich die Sache anders überlegt hätten!

Aber – wenn der Alaska-Mann nun doch aufkreuzte? Wenn er tatsächlich dort stand und auf mich wartete? Wie peinlich für ihn, wie demütigend! Wie schrecklich von mir!

Mir wurde noch elender. Ich mußte zurückgehen. Ich hatte mich bereit erklärt, ihn zu heiraten, also mußte ich auch mein Wort halten.

Ich wendete das Pferd und ritt dem Stall zu. Es war kälter geworden, und meine Hände waren so steif und unbeweglich, daß ich kaum die Zügel halten konnte.

Zehn Minuten vor zwei schlich ich durch die Hintertür in die Kirche und rannte in die Küche, wo Sally und Audrey Platten belegten und Getränke bereitstellten.

Sally schaute auf. „Wo bleibst du denn nur? Du bist ja nicht einmal angezogen! Liebe Zeit, du hast ja Heu in den

Hochzeitstag

Haaren!" Sie flog um den Tisch, packte mich an der Hand und schleppte mich mit Audrey in das kleine Zimmer, in dem das geliehene Brautkleid auf mich wartete.

„Ist er überhaupt gekommen?" fragte ich. „Ist Herr Stafford hier?"

„Natürlich ist er hier! Er wartet seit über einer Stunde auf dich und steht wie auf Nadeln!" Audrey zog mir das lange, weiße Kleid an, und Sally löste die Riemen meiner Mokassins, um sie mit einem Paar weißer Schuhe zu vertauschen. „Wo hast du denn gesteckt?"

„Ich bin ausgeritten."

„Ausgeritten? Am Hochzeitstag?" Fassungslos starrte mich Sally an.

„Ich dachte nicht, daß er auf mich warten würde", entschuldigte ich mich achselzuckend.

„Du meine Güte!" stöhnte Audrey. Im Nu hatten mich die beiden angezogen, das Heu aus den Haaren gebürstet, mir einen Schleier aufgesteckt und mich zur Tür hinaus geschubst.

Beide flüsterten mir zu: „Gott segne dich!", umarmten mich und verschwanden in der Sakristei.

Zitternd betrachtete ich die Ausgangstür. Vielleicht konnte ich einfach durch diese Tür gehen und wieder nach Hause laufen und –

„Bist du fertig?" Pastor McPhersons Stimme schreckte mich auf.

„Ich glaube, ja. Ist einer meiner Onkel gekommen?"

„Nein", antwortete er.

„Ich dachte es mir."

„Du bist schön. Soll ich die Braut wirklich hergeben?" Er lächelte mir zu und nahm meinen Arm.

Musik ertönte, und wir betraten die Kirche. Alle meine Freunde aus der Gemeinde waren da. Ein Kloß steckte in meiner Kehle, und Tränen traten mir in die Augen. Auf dem Altar brannten Kerzen, und dort vorne stand der

Alaska-Mann und wartete lächelnd auf mich.

Ich war während der ganzen Zeremonie wie versteinert und bewegte mich wie ein Automat. Das Lächeln auf meinem Gesicht war wie eingefroren. In weniger als einer Stunde sollte unser neues Leben als Mann und Frau beginnen.

Das Unterzeichnen der Heiratsurkunde war für mich ein böser Augenblick.

„Ich will meinen Namen nicht ändern. Wenn ich jetzt Frau Don Stafford bin, was geschieht dann mit ‚Schrei im Wind'?" wollte ich wissen.

„Du mußt deinen Namen nicht ändern, du mußt nur einen neuen hinzufügen. Das bedeutet, daß du nun zu jemandem gehörst. Du bist jetzt Schrei im Wind Stafford." Pastor McPherson drückte mir die Feder in die Hand und ich unterschrieb.

Die Autotür fiel hinter mir ins Schloß, und alle standen draußen herum und winkten mir zu. Audrey und Sally weinten, und Pastor McPherson machte ein besorgtes Gesicht. Als der Wagen wegfuhr, wurde mir wieder einmal bewußt, daß ich zu einem Fremden gehörte.

Ich warf ihm einen argwöhnischen Blick zu. Er wandte die Augen nicht von der Straße ab, aber er sagte zu mir: „Hab keine Angst! Alles wird gut werden. Du wirst es nie bereuen." Dann griff er in seine Tasche und zog einen Briefumschlag hervor, den er mir gab.

„Hier drin sind hundert Dollar. Pastor McPherson hat sie mir gegeben, bevor wir wegfuhren. Es ist ein Geschenk deiner Freunde aus der Gemeinde. Bewahre es auf, es gehört dir. Es ist eine Art „Fluchtgeld". Wenn du je einmal unglücklich bist, kannst du mit Hilfe dieses Geldes wieder zu deinen Freunden zurückkehren."

Ich nahm den Umschlag und steckte ihn in meine Tasche. Nun fühlte ich mich schon bedeutend besser. „Fluchtgeld". Das Wort gefiel mir. Nun konnte ich jederzeit wieder ausreißen, wenn mir mein neues Leben nicht gefiel.

So begann mein Leben als Frau Don Stafford. Ich war verheiratet mit einem stillen, gelassenen Fremden, den ich erst wenige Tage kannte. Mit Tränen in den Augen und Furcht im Herzen sah ich dem Ehebett entgegen, weil ich einen Mann geheiratet hatte, den ich nicht liebte. In meinem Herzen lebte immer noch die Erinnerung an Gelber Donner.

11

Nun waren wir also unterwegs nach Norden. Die Kilometer flogen dahin. Hundert – fünfhundert – siebenhundert. In wenigen Tagen würden wir Alaska erreichen. Dann werde ich Tausende von Kilometern von meiner alten Heimat und meinen Freunden entfernt sein, überlegte ich.

Würden wir wohl in einem Iglu wohnen? Fiel dort oben das ganze Jahr hindurch Schnee? Und was dann, wenn er mich plötzlich nicht mehr mochte und davonjagte? Ich schielte zu ihm hinüber. Er war tief in Gedanken versunken. Tat es ihm jetzt schon leid, daß er mich geheiratet hatte?

Wir machten halt, um etwas zu essen. „Was möchtest du gern?" fragte er mich.

„Nichts, danke. Ich hab keinen Hunger", entgegnete ich. Mir war weder nach essen noch nach trinken zumute. Ich kam mir vor wie ein wildes Tier im Käfig.

Wir ließen die amerikanisch-kanadische Grenze hinter uns, und als die amerikanische Flagge immer kleiner wurde und schließlich ganz verschwand, war ich überzeugt davon, daß ich meine Heimat nie wiedersehen würde. Ich fuhr ans Ende der Welt.

Seit der Hochzeit hatte ich nur ein paar Bissen gegessen, aber als wir den Yukon erreichten, wurde das Hungergefühl in mir so mächtig, daß alles andere daneben verschwand. Ich begann zu essen wie ein Scheunendrescher – zu meines Ehemannes großer Erleichterung! Das Yukongebiet war die schönste, wildromantischste Landschaft, die ich je gesehen hatte. Wir fuhren stundenlang dahin, ohne ein Haus zu sehen oder einem anderen Wagen zu begegnen. Aber es gab hier viel Wild – wir beobachteten Elche, Hirsche und Füchse. Am Ufer eines Sees waren Hunderte von Seeadlern damit beschäftigt, Fische zu fangen. Einmal machten wir halt, um ein längst verlassenes Lager der königlich-kanadischen Polizei zu besichtigen. Da stand plötzlich ein dreibeiniger Bär vor uns! Don packte mich und rannte mit mir dem Wagen zu. Unterwegs brummte er etwas von einem dreibeinigen Bären, der schneller laufen konnte als ein zweibeiniges Mädchen. Wie hätte er auch Pastor McPherson erklären sollen, daß er einem Bären erlaubt habe, mich aufzufressen!

Es war spät, und wir beide waren müde und hungrig, als wir vor einem kleinen Café hielten, um das Abendbrot einzunehmen. Wir setzten uns in eine Ecke, und die Kellnerin brachte Don die Speisekarte.

„Tut mir leid, mein Herr – die da bedienen wir hier nicht", erklärte sie mit einem Seitenblick auf mich.

Don hob den Blick von der Speisekarte. „Wie bitte?"

Das Mädchen zeigte mit dem Finger auf mich und wiederholte: „Wir bedienen keine Indianer. Sie muß hinausgehen." Dann wies sie auf eine Tafel im Schaufenster. *„Indianer werden nicht bedient."*

Dons Augen wurden hart wie Stahl, als er der Kellnerin die Karte zurückgab. Dann ergriff er meine Hand, und wir gingen hinaus.

Schweigend fuhren wir ein paar Kilometer weiter. Dann fand ich, daß es an der Zeit sei, irgend etwas zu sagen.

„Mach dir nichts draus. Vergessen wir's einfach!"

„Die sind verrückt!" Don sprach heftiger, als es sonst seine Art war.

„Ich weiß! Sollen wir zurückfahren und sie skalpieren?" fragte ich.

Sein harter Gesichtsausdruck machte einem Lächeln Platz. „Tut mir leid, Schrei."

„Für dich ist es viel schwerer als für mich. Ich habe mein Leben lang nichts anderes gekannt."

„Soll das heißen, daß du an diese Art Behandlung gewöhnt bist?" fragte er.

„Nein", antwortete ich ruhig. „Nein, gewöhnen kann man sich nie daran, aber man lernt, damit zu leben."

Don hatte zum erstenmal erlebt, was es hieß, ein „Squaw-Mann" zu sein und war wütend geworden. Ich fragte mich, ob er wohl imstande sein würde, solche Demütigungen zu ertragen, oder ob er mich eines Tages um einer blonden Frau willen im Stich lassen würde.

Spät abends erreichten wir Alaska. Das einzige Zimmer, das wir finden konnten, lag über einer Bar und kostete zweiundfünfzig Dollar pro Nacht. Lärm und Geschrei drang in unser Zimmer, und der Gestank von Whisky und Rauch verpestete die Luft. Wir betrachteten das kleine, schmutzige Zimmer und sahen einander an.

„Es ist zu kalt, um im Auto zu schlafen. Das hier ist das einzige freie Zimmer", erklärte er. „Ich hoffe nur, daß diese besoffenen Indianer uns nicht die ganze Nacht wach halten –" Don wurde rot und schloß die Augen. „Verzeih – das wollte ich nicht sagen! Ich hab's nicht so gemeint. Ich wollte nichts gegen Indianer sagen – ich meine nur – ich hoffe, diese Leute da unten geben bald Ruhe, damit wir schlafen können."

„Schon gut", nickte ich.

„Ich will sehen, ob ich etwas zu essen bekomme. Schließ' die Tür ab und mach erst auf, wenn ich komme!"

„Laß dich von den Indianern nicht skalpieren!" warnte ich ihn und schloß die Tür hinter ihm ab.

Beinahe eine Stunde später klopfte er.

„Unten hatten sie nichts zu essen. Ich mußte in ein anderes Restaurant, und die Leute nahmen sich Zeit zum Kochen!" Er wickelte ein paar fette Hamburger aus. „Die Indianer unten in der Bar braten sich einen Bären, den einer von ihnen heute gejagt hat." Er drückte mir einen Hamburger in die Hand. „So wie heute wird es nicht immer sein, Schrei. Es gibt nicht nur schmutzige Zimmer und kaltes Essen für dich. Du darfst dir unsere Ehe nicht wie den heutigen Tag vorstellen!"

Plötzlich hatte ich Mitleid mit ihm. Er gab sich alle erdenkliche Mühe! Bis zu diesem Augenblick wäre es mir nicht eingefallen, daß auch er Angst haben könnte. Ich hatte gedacht, er sei viel älter als ich, weil er schon so viel herumgekommen war und so verschiedene Arbeiten getan hatte. Auf einmal erkannte ich, daß er trotz seiner vielen Abenteuer nicht viel älter war als ich.

Er hatte mir erzählt, daß er als Teenager von zu Hause fortgegangen war und in Alaska als Fischer auf einem Krabbenfänger gearbeitet hatte. Dann hatte er auf den Ölfeldern geschuftet, wo die Temperatur bisweilen auf 65 Grad unter Null fiel. Er erzählte mir von den Jahren, die er in dieser kalten Wildnis verbracht hatte, und allmählich wurde mir klar, daß auch er einsam war. Er war so einsam, daß er nicht einmal sah, wie häßlich ich war.

„Die Ehe ist eine Zeit der Anpassung, die ein Leben lang dauert", hatte Pastor McPherson uns gesagt. Er hatte uns eine Menge guter Ratschläge gegeben, aber als er das Wort „Anpassung" brauchte, hat er uns nur die Spitze des Eisbergs gezeigt. Als ob nicht allein schon darin genug Gegensätze vorhanden wären, daß Don ein Mann und ich eine Frau war, daß er ein Weißer und ich eine Indianerin war, und daß wir verschiedenen Kulturbereichen entstammten – er kam aus einer modernen, komplizierten Welt, und ich stand immer noch mit einem Bein in der Steinzeit.

Die lange Reise hatte mir fürchterliche Kopfschmerzen verursacht.

„Warum nimmst du nichts dagegen?" fragte Don.

„Weil ich nichts bei mir habe", gab ich zu und preßte einen nassen Waschlappen auf meine Augen.

„Ich kann dir was holen", meinte er. „Was hast du im Reservat gegen Kopfschmerzen genommen?"

„Ich habe die Rasseln einer Klapperschlange in mein Stirnband gebunden."

„Wie bitte??"

„Das war die beste Medizin. Aber wenn man keine Klapperschlange finden konnte, hat man die Blätter der wilden Rose gegessen."

„Ich kaufe dir lieber eine Schachtel Aspirin."

„Glaubst du wirklich, daß das hilft?" blinzelte ich zweifelnd hinter dem Waschlappen hervor.

„Viele Leute nehmen Aspirin, wenn sie Kopfweh haben", erklärte er.

„Also gut – vielleicht hilft es, bis wir eine Klapperschlange finden", stimmte ich zu.

Das war nur der Anfang.

Als wir in Anchorage ankamen, mietete er ein kleines Häuschen und kaufte Lebensmittel und andere notwendige Sachen. Es blieben ihm nur noch wenige Tage, dann mußte er wieder an seinen Arbeitsplatz in den Ölfeldern, die Hunderte von Kilometern entfernt waren. Zehn Tage mußte er arbeiten, dann kam er für fünf Tage nach Hause.

Mein neues Heim weckte gemischte Gefühle in mir. Ich hatte eigentlich nicht vorgehabt, mich mitten in Alaska niederzulassen, aber ich hatte immerhin eingewilligt, hier zu leben.

„Herr, hilf mir!" betete ich.

12

Ich kochte unser erstes Mittagessen – Fleisch, Kartoffeln, Zwiebeln, Mais und Toastbrot – und richtete es an.

Don lächelte mir zu, nahm ein wenig und kaute endlos daran herum. Beim zweiten Bissen stand er auf, entschuldigte sich und rannte hinaus. Ein paar Minuten später kam er in die Küche zurück. Er lächelte immer noch, aber sein Gesicht war weiß wie ein Leintuch.

„Mein Essen ist schuld daran, nicht wahr? Du kannst mein Essen nicht vertragen", klagte ich, halb zornig, halb beschämt. „Ich hätte wissen müssen, daß ein weißer Mann die indianische Küche nicht verträgt."

„Nein, nein, daran liegt's nicht! Es ist nur – nun, ich habe noch nie eine ganze Mahlzeit gegessen, die in einer einzigen Pfanne gekocht wurde. Es schmeckt – hm, es schmeckt etwas ungewöhnlich", sagte er.

„Du magst mein Essen nicht", schmollte ich.

„Aber nein, keine Spur! Es ist wirklich in Ordnung. Ich werde mich daran gewöhnen." Er setzte sich wieder hin und betrachtete seinen Teller, von dem das gelbe Fett troff. „Vielleicht könntest du etwas weniger Fett nehmen? Meine Kartoffeln schwimmen mir davon!"

„Fett ist gut für dich, es hält Bären ab!"

„Hier gibt es keine Bären", entgegnete er.

„Sieh da! Es klappt schon!" gab ich zurück.

„Hast du kein Kochrezept?" fragte er schüchtern.

Ich begriff. „Doch! Ich hab ein sehr gutes Rezept!"

„Fein!" Er war begeistert. „Was brauchst du dazu?"

„Man nimmt ein Viertel reinen Alkohol, ein Pfund besten schwarzen Kautabak, eine Flasche Jamaica-Ingwer, eine Handvoll roten Pfeffer, ein Viertel schwarze Melasse und ein Viertel Wasser, mischt das alles und kocht es so lange, bis die Schärfe vom Tabak und vom Pfeffer verschwunden ist, dann siebt man das Ganze und fertig ist die Zauberei!" erklärte ich stolz.

„Aha! Und was in aller Welt soll das sein?" erkundigte er sich.

„Kickapoo-Handels-Whisky", antwortete ich eifrig.

„Ist dies das einzige Rezept, das du kennst?" fragte er skeptisch.

„Ja!"

„Ich kaufe dir ein Kochbuch." Dann schüttelte er den Kopf. „Dieses Gesöff hat vermutlich mehr Kickapoo-Krieger umgebracht als sämtliche Kriege der Vergangenheit!"

„Meine Onkel haben massenhaft davon getrunken. Es hat ihnen nicht geschadet", entgegnete ich und beobachtete, wie die Kartoffeln auf meinem Teller in ihrem Fett herumschwammen.

„Deine Onkel müssen einen Magen aus Eisen gehabt haben", bemerkte er und kratzte den Inhalt unserer Teller zusammen. Dann holte er drei Bratpfannen hervor und briet Eier in der einen, Speck in der anderen und Kartoffeln in der dritten. Bald hatten wir ein delikates Mahl. Ich hatte einen ausgezeichneten Koch geheiratet! Er kochte so gut, daß ich mich wieder einmal fragte, weshalb er mich geheiratet hatte.

Am ersten Abend in unserem neuen Zuhause streute ich eine Menge Maismehl auf die Türschwelle, um sicher zu gehen, daß wir immer genug zu essen haben würden.

Ich war immer ruhig und schweigsam gewesen – ich sprach selten, huschte wie ein Schatten durchs Leben und bemühte mich, möglichst unbemerkt im Hintergrund zu bleiben. Ich war noch nach der alten Sitte erzogen worden, nach der Schweigen gleichbedeutend mit Überleben war. Schweigen verbarg uns vor dem Feind. Schweigen half uns ein Reh jagen oder einen Hasen fangen. Lärm verjagte das Wild, und man blieb hungrig. Lärm konnte das Leben kosten. Nun war es anders geworden. Ich mußte lernen, mich zu unterhalten; lernen, unnötigen Lärm zu machen, und lernen, zu reden, wenn es nichts zu sagen gab.

Es war schwierig, mit diesem Fremden zu reden, der nicht wußte, was es bedeutete, eine Indianerin zu sein.

Wenn Don sich über mein Schweigen beklagte, gab ich zur Antwort: „Wir haben ja nichts Gemeinsames, über das wir sprechen könnten."

Deshalb war ich überrascht, als Don plötzlich eine Menge über Indianer und ihre Kultur wußte. Jeden Abend während des Essens erzählte er von einem großen Häuptling oder von den Besonderheiten eines Indianerstammes.

„Ich hatte keine Ahnung, daß du so viel über Indianer weißt", sagte ich eines Abends, als wir uns über Geronimo unterhalten hatten.

„O ja, ich habe mich schon immer für Indianer interessiert." Er stockte. „Siehst du, du hast dich geirrt. Du und ich, wir beide haben viel Gemeinsames."

Etwas in seinem Blick war merkwürdig, aber ich fand nicht heraus, was es war.

Eines Abends spät kam ich zufällig hinter sein Geheimnis. Es war kalt, und ich erinnerte mich, daß ich meine Jacke im Auto vergessen hatte. Ich ging noch einmal zurück, um sie zu holen. Da sah ich, daß unter dem Rücksitz die Ecke eines Buches hervorlugte. Ich erinnerte mich nicht, ein Buch im Auto vergessen zu haben, aber es mußte mir gehören, denn Don las nie.

Ich zog es heraus, und da war nicht nur ein Buch, sondern gleich drei Bücher unter dem Sitz. Ich las die Titel:

Amerikanische Indianer von A bis Z (Apachen-Zunis)

Die Schlacht von Little Bighorn
Der rote Mann – der edle Wilde.
Ich lächelte. Um mich besser zu verstehen, las Don im geheimen diese Bücher. Als ich den Titel sah ‚Der edle Wilde', brach ich in schallendes Gelächter aus.

Er hatte verschiedene Passagen unterstrichen und lernte sie fast wörtlich auswendig. Ich erinnere mich an seine Bemerkungen beim Essen und erkannte jetzt, daß sie geradewegs aus diesen Büchern kamen. Ich fragte mich, wie viele Stunden er schon im Auto beim Lesen dieser langweiligen, altmodischen Bücher verbracht hatte, denn er las sehr langsam.

Ich hörte auf zu lachen. Im Grunde genommen gab es gar nichts zu lachen. Er versuchte verzweifelt, mich zu verstehen. Es berührte mich tief, zu sehen, wie sehr er sich um mich sorgte. Vielleicht sollte ich mir auch mehr Mühe geben? Ich stopfte die Bücher wieder unter den Sitz in ihr Versteck und ging hinein. Es sollte sein Geheimnis bleiben.

Alpträume. Jede Nacht. Ich hatte so schreckliche Träume, daß ich laut schreiend erwachte und mein Herz so rasend klopfte, daß ich am ganzen Körper zitterte. Ich hatte geglaubt, daß diese Alpträume nach meiner Bekehrung aufhören würden, daß ich nicht länger mehr Angst haben und friedlich schlafen würde. Aber die Träume verfolgten mich weiter, und ich fürchtete mich jeden Abend, ins Bett zu gehen. Ich wußte, daß mich um Mitternacht die Träume quälten, und ich erwachte jedesmal voller Angst und Schrecken.

Ein Traum, der immer wiederkehrte, drehte sich um Doppelblind, den Medizinmann, dessen Familie ihm nach dem Tod beide Beine abgehackt hatte, damit er nicht mehr zurückkommen und sie töten könne. Immer und immer wieder träumte ich, daß er auf seinen blutigen Stümpfen aus dem Grab stieg.

In anderen Träumen war ich wieder das Schulkind, das vom Lehrer wegen nichts und wieder nichts schwer bestraft wurde, weil es in seinen Augen alles falsch gemacht hatte. Und nach der Schule jagten mich Horden von Kindern nach Hause und warfen mir Steine und Schimpfnamen an den Kopf. Wenn ich erwachte und erkannte, daß ich kein Kind mehr war und nie wieder zur Schule gehen mußte, dankte ich Gott dafür. Ich war erwachsen und mußte nicht mehr zur Schule. Niemand durfte mich mehr nach Hause jagen und Steine nach mir werfen. Kein Lehrer durfte mich mehr so sehr erschrecken, daß mein Magen sich umdrehte. Nein, vor der Schule war ich gerettet!

Andere Alpträume waren so furchtbar, daß ich Don nichts davon erzählen konnte. Ich erwachte schweißgebadet und schreiend. Allmählich hatte ich vor dem Schlafen solche Angst, daß ich nicht mehr zu Bett ging, sondern die ganze Nacht auf dem Stuhl sitzen blieb und sämtliche Lichter brennen ließ.

Die Zeit unserer ersten Trennung kam. Don mußte wieder an seinen Arbeitsplatz fliegen.

„In zehn Tagen bin ich wieder zurück", sagte er auf dem Flugplatz und hielt mich fest. „Die Zeit wird schneller vorbei sein, als du denkst. Wenn du irgend etwas brauchst, rufe die Nummer an, die ich dir aufgeschrieben habe. Mein Freund wird dir helfen." Er küßte mich zum Abschied, nahm seinen Koffer und stieg ins Flugzeug. Nach wenigen Minuten war die kleine Maschine außer Sicht.

Er ist fort! Er wird nie mehr zurückkommen! Ich bin allein in einem fremden Land! Ich weinte auf dem ganzen Weg nach Hause. Flint hatte recht gehabt – Don hatte mich verlassen, wie Flint es vorausgesagt hatte.

Tagelang schlich ich trübsinnig umher und verbrachte die langen Stunden mit Lesen. Genau zehn Tage später platzte plötzlich Don ins Zimmer, über und über mit Schnee bedeckt. „Ich bin wieder da!" rief er lachend.

Ich rannte ihm entgegen und legte die Arme um seinen Hals. „Du bist zurückgekommen! Du bist tatsächlich zurückgekommen!" Ich konnte es nicht fassen.

„Ich habe dir doch gesagt, daß ich nach zehn Tagen wieder zurück bin. Glaubst du wirklich, daß ich dich heirate und den weiten Weg hierherbringe, nur um dich wieder zu verlassen? Wann wirst du endlich lernen, mir zu vertrauen?"

Die fünf gemeinsamen Tage vergingen wie im Flug, und bald mußte er mich wieder allein lassen. Die zehn Tage ohne Don schlichen dagegen im Schneckentempo dahin. Nach jedem Zehn-Tage-Turnus fragte ich mich, wie lange es noch dauern würde, bis er nicht mehr zurückkam. Man hatte mich in meinem Leben schon so oft verlassen, daß ich mir nichts anderes vorstellen konnte.

Als ich noch unverheiratet war, gab es um mich her keine Geräusche, außer meiner eigenen. Nun war Leben eingezogen – man hörte das Aufziehen des Weckers im Schlafzimmer und das Klimpern der Münzen, die Don aus der Tasche in die Schublade legte. Man hörte Türen öffnen und schließen und das Klappern des Geschirrs. Geräusche, die Leben anzeigten. Wenn Don weg war, kehrte wieder Stille ein, aber es war nicht mehr das tiefe, drückende Schweigen der Einsamkeit, das ich vorher gekannt hatte, denn ich wußte, daß nach seiner Rückkehr das Haus wieder voller Leben sein würde.

Nachtmusik

Die Nacht ist still,
ich höre nur den Hauch der Liebe neben mir,
den warmen, den vertrauten Ton,
der mir verkündet, daß ich nicht allein.
Die Lasten des Tages versinken im Dunkel der Nacht.
Ich schwebe auf einer weichen, weißen Wolke hoch
über der Erde
und nehme nur das Wissen deiner Gegenwart mit mir.
Die Nacht ist still,
ich höre nur das Atmen meines Mannes –
den warmen, den vertrauten Ton,
der mir anzeigt, daß ich nicht allein.

„Du hast mich noch nie um etwas gebeten, seit wir verheiratet sind", sagte Don eines Tages. „Du brauchst doch sicher verschiedenes. Möchtest du nicht einmal einkaufen gehen und dir neue Kleider oder sonst etwas aussuchen?"

„Nun –" ich zögerte – „ich hätte schon gern ein neues Kleid."

„Fein! Wieviel Geld brauchst du?" Er zückte die Brieftasche.

„Weißt du – ich habe es immer selbst gemacht", entgegnete ich.

„Auch gut. Was brauchst du dazu? Ich könnte es dir bringen."

„Okay. Ich muß zwei Elchhäute und zehn Pfund Perlen haben", antwortete ich.

„Wie bitte??"

„Ich möchte mir ein neues Wildlederkleid machen", erklärte ich.

Einen Augenblick war er ratlos, dann hellte sich sein Gesicht auf.

„Ich kenne einen Pelzhändler unten bei Boot Legger's Cove. Wir wollen sehen, ob er ein paar Häute hat."

Kurze Zeit später hatte ich einige Rehhäute und meine zehn Pfund Perlen, dazu die sechs Hasenfelle, die ich so bewundert hatte.

Als Don das nächstemal von der Arbeit nach Hause kam, war mein Kleid beinahe fertig.

„Was wirst du mit den Hasenfellen machen?" fragte er neugierig.

„Ich habe mit Tusche darauf gezeichnet", antwortete ich und holte die Überraschung, die ich mir für ihn ausgedacht hatte.

Er betrachtete die Tuschzeichnungen von Elch, Karibu und Rotwild, die ich auf die gegerbte Hasenhaut gemalt hatte.

„Es ist ein Geschenk für dich", sagte ich schüchtern.

„Das ist wirklich gut! Es gefällt mir!" Er sah sie lange an. „Möchtest du noch mehr davon machen – und verkaufen?"

„Kein Mensch würde meine Malerei kaufen. Ich bin keine Künstlerin", entgegnete ich.

„Wir kaufen noch zehn Häute, und ich bringe dir Farbe und Pinsel. Damit machst du noch mehr solcher Bilder, und ich verkaufe sie einem Souvenirgeschäft."

Ich mußte über seinen Eifer lachen, aber ich malte die verlangten zehn Bilder. Am anderen Tag verkaufte er sie um sieben Dollar pro Stück und brachte einen Auftrag für vierzig weitere Bilder nach Hause.

„Hier hast du dein Geld", sagte mein Mann. „Du kannst mit deinen Bildern eine Menge Geld verdienen, wenn du willst. Du kannst es nach Belieben verwenden, aber ich möchte nicht, daß du Lebensmittel damit einkaufst oder Rechnungen bezahlst. Ich habe versprochen, für dich zu sorgen, und das will ich auch weiterhin tun. Aber wenn du gern malst und das Geld ausgeben willst, um deinen

Freunden Geschenke zu machen und deine Gemeinde zu unterstützen, bin ich einverstanden."

Ich nickte. Sprechen konnte ich nicht, dazu war ich viel zu aufgewühlt. Die Leute kauften wirklich meine Bilder! Während des nächsten Jahres verkaufte Don mehr als fünfhundert meiner Skizzen und Bilder, die meisten auf Hasenleder gemalt. Ich bekam solche Übung im Malen wilder Tiere, daß ich dreißig Bilder pro Tag schaffte. Don hatte in jedem Souvenirgeschäft im Umkreis von über hundert Kilometern meine Bilder verkauft.

Eines Tages erklärte er: „Ich glaube, du solltest ein eigenes Bankkonto haben und den Erlös deiner Bilder dort anlegen. Füll' dieses Formular aus, notiere die Nummer deiner Sozialversicherung und unterschreibe dann mit Frau Don Stafford."

„Weshalb kann ich nicht Schrei im Wind bleiben?" erkundigte ich mich.

„Weil die Leute dann glauben würden, wir seien nicht verheiratet", erklärte er mir.

Ich schloß einen Kompromiß und schrieb „Schrei im Wind Stafford."

Don seufzte. „Und nun deine Versicherungsnummer."

„Ich habe keine Nummer, nur einen Namen", entgegnete ich.

„Alle Menschen haben eine Versicherungsnummer", behauptete Don.

„Ich nicht."

„Du hast doch schon an vielen Orten gearbeitet – du mußt eine Nummer haben", beharrte er.

„Nein. Ich habe den Leuten gesagt, ich hätte sie vergessen, und weil ich nirgends länger als ein paar Wochen gearbeitet habe, hat sich kein Mensch darum gekümmert", erklärte ich.

„Dann müssen wir eine Nummer für dich beantragen!"

„Ich will keine Nummer! Ich bin Schrei im Wind. Ich

habe einen Namen. Ich will keine Nummer – Nummern sind böse Omen. Wenn du dem Staat erlaubst, dir eine Nummer zu geben, kann er dich jederzeit finden", erklärte ich.

„Und weshalb sollte er nicht?" fragte Don verständnislos.

„Sie könnten sich eines Tages dazu entschließen, die Indianer auszurotten."

„Lächerlich!" rief Don.

„Sie haben es vor hundert Jahren versucht, und es könnte wieder so werden", behauptete ich. „Denk daran, was mit den Juden in Deutschland geschehen ist!"

„Du bist eine Indianerin und lebst in den USA. Deshalb werde ich für dich eine Versicherungsnummer beantragen." Dann lachte er. „Und wenn der Staat dich eines Tages sucht, verstecke ich dich auf dem Dachboden!"

„Ja – das sagst du jetzt", entgegnete ich stirnrunzelnd.

Kurze Zeit später kam er mit einem Umschlag nach Hause, in dem zwei Karten der Sozialversicherung waren. Eine nahm er heraus und legte sie in die Schachtel, in der er alle wichtigen Papiere aufbewahrte. Die andere Karte drückte er mir in die Hand.

Als Don das Zimmer verließ, betrachtete ich die Karte. Jetzt war ich nicht mehr Schrei im Wind. Ich war Nummer 522-54-2700. Nun hatte mich die Behörde in ihrer Kartei. Man konnte mich jederzeit finden, und Don hatte vielleicht gelogen, als er sagte, er würde mich auf dem Dachboden verstecken. Ich nahm die Karte, zerriß sie in tausend kleine Stücke und warf sie in den Papierkorb. Weg damit! So, nun war ich wieder Schrei im Wind!

Als Don zurückkam, sagte er: „Da fällt mir gerade ein – du brauchst noch einen Führerschein, der hier in Alaska gültig ist. Zeig mir mal deinen Ausweis!"

Ich holte den Führerschein und reichte ihn Don.

„Der gehört ja einer Rose Tsosie!" rief er überrascht.

„Ja, ich weiß," nickte ich.

„Wo ist denn dein Führerschein?"

„Das ist meiner! Ich habe ihn im Leihhaus gekauft!"

„Du kannst doch im Leihhaus keinen Führerschein kaufen!" lachte Don.

„Natürlich kannst du! Im Reservat kannst du deinen Ausweis für fünfzig Cent versetzen. Damit bekommt man einen Drink im Saloon. Wenn du den Schein nicht mehr einlösen kannst, verkauft ihn der Pfandleiher um zwei Dollar."

„Das kann doch nicht wahr sein!" rief Don ungläubig.

„Ist es aber. Für die Polizei sehen alle Indianer gleich aus - schwarze Haare, braune Augen, dunkle Haut. Du mußt nur darauf achten, daß Alter und Maße ungefähr stimmen."

„Das geht doch nicht!" Don schüttelte den Kopf. „So etwas ist verboten! Willst du damit wirklich sagen, daß in Amerika die Hälfte der Indianer mit einem Führerschein herumfährt, der in der Pfandleihanstalt für zwei Dollar gekauft wurde?"

Ich zuckte die Achseln.

Don ging hinaus und murmelte etwas vor sich hin. Ich steckte den Ausweis von Rose Tsosie wieder in die Tasche. Noch nie hatte ich jemanden kennengelernt, der sich so sehr um Gesetze und Vorschriften kümmerte wie Don!

Nach einigen heftigen Diskussionen nahm mich Don mit auf die Polizeistation, wo ich nun einen vorschriftsmäßigen Führerschein erhielt.

„Ich sehe nicht ein, wo hier der Unterschied liegt. Ich fahre genau gleich - ob mit diesem Ausweis oder mit dem, den ich beim Pfandleiher gekauft habe", klagte ich.

Don schüttelte den Kopf und seufzte. „Ein Mann braucht Nerven aus Stahl, wenn er mit einer Indianerin verheiratet ist!"

13

Mitten in der Nacht wurde ich durch irgend etwas geweckt. Wenn Don fort war, schlief ich nur leicht und hörte auch das leiseste Geräusch. Ich wußte, daß etwas nicht in Ordnung war. Angestrengt horchte ich ins Dunkel. Da ich nun nichts mehr hörte, nahm ich an, ich hätte geträumt und beschloß, weiterzuschlafen. Ich zog die Decke über die Ohren, drehte mich auf die andere Seite – und fand mich einem fremden Mann gegenüber!

Ich schrie laut auf, stob wie ein Wirbelwind aus dem Bett, rannte durchs Zimmer und warf alles, was nicht niet- und nagelfest war, dem Eindringling an den Kopf.

Der rotbärtige Fremdling setzte sich erstaunt im Bett auf und rieb sich die Augen.

„Was um alles in der Welt ist in dich gefahren, Schri?" Es war Dons Stimme, aber sie kam aus einem unbekannten Gesicht.

Zögernd kam ich näher.

„Ich hatte Gelegenheit, einen Tag früher in die Stadt zu kommen, aber es war schon so spät, daß ich dich nicht wekken wollte. Ich wollte dich nicht so erschrecken", entschuldigte er sich.

„Was ist denn mit deinem Gesicht passiert?" Ich konnte nicht glauben, daß dieser behaarte Mann mein Eheliebster war.

„Ach, wir Männer haben beschlossen, uns den Bart wachsen zu lassen", lachte er. „Gefalle ich dir?"

„Du hast ja Haare im ganzen Gesicht! Ich war zu Tode erschrocken!" Ich legte die Bücherstütze hin, die ich immer noch als Waffe in der Hand hielt.

Dann warf ich die Decke wieder aufs Bett, holte mein Kissen, das ich quer durchs Zimmer geschleudert hatte, und legte mich wieder hin. Indianer haben keine Haare im Gesicht – und sie verlieren auch ihre Haare nicht.

„Vermutlich wird er sich demnächst eine Glatze zulegen", brummte ich vor mich hin.

„Was hast du gesagt?" fragte Don schlaftrunken.

„Nichts." Vorsichtig strich ich mit einem Finger über den roten Bart. „Gute Nacht, Pelzgesicht!"

Als ich mich am nächsten Morgen anzog, betrachtete ich mich kritisch im Spiegel. Ich sah aus, als wäre ich geradewegs aus dem Reservat gekommen.

Ich fand, daß ich jetzt, da ich ein anderes Leben führte, auch anders aussehen sollte. Vielleicht sollte ich mich doch wie alle anderen Frauen kleiden, um meinen Mann nicht in Verlegenheit zu bringen, dachte ich.

Ich ging in die Stadt und kaufte mir ein kurzes Kleid. Da ich immer nur bodenlange Kleider getragen hatte, kam ich mir mit den bloßen Beinen halb nackt vor. Außerdem waren sie eiskalt. Die Strumpfhose, die mir die Verkäuferin aufgeschwatzt hatte, wärmte meine Beine nicht.

Mein nächstes Ziel war der Schönheitssalon. Ich nahm all meinen Mut zusammen und trat beherzt durch die Tür. Sobald die Friseusen mein langes Haar sahen, begannen sie, wie auf Kommando, ihre Scheren zu schleifen. Schützend legte ich die Hände über meine Haare und erklärte energisch, daß ich sie nicht geschnitten, ja nicht einmal mit der Schere berührt haben wollte. Ich wollte sie nur gelockt und hochgesteckt haben, um anders auszusehen. Zögernd legten sie ihre Scheren weg und begannen, mein Haar zu bearbeiten. Nachdem sie drei Stunden shamponiert, gewickelt und beinahe meine Ohren unter der Trokkenhaube zum Schmelzen gebracht hatten, entließen sie mich. Mein Haar war so hoch aufgetürmt, daß ich das

Gefühl hatte, ein Kürbis sitze auf meinem Kopf. Zu meiner neuen Haartracht hatte ich auch ein neues Gesicht bekommen. Sie hatten mit Make-up, Lidschatten, Wimperntusche und Lippenstift nicht gespart. Ich war überzeugt, daß ich nun aussah wie alle anderen Frauen und daß Don mein „neues Ich" hinreißend finden würde.

Er war ganz und gar nicht hingerissen. Er trat ein, sah mich an und fragte: „Hat es lang gedauert, bis sie dich so aufgeputzt hatten?"
„Den ganzen Tag! Gefalle ich dir jetzt?"
Er mußte sich die Antwort nicht zweimal überlegen. „Nein. Du hast mir so gefallen, wie du warst."
„Ich wollte hübsch aussehen. Ich wollte aussehen wie alle anderen, damit du dich meiner nicht zu schämen brauchst."
„Ich habe mich deiner nie geschämt, und einer der Gründe, weshalb ich dich heiraten wollte, war gerade, daß du nicht aussahst wie alle anderen. Du warst du. Versuche nicht, in eine fremde Haut zu schlüpfen. Du mußt dir selbst treu bleiben."

Ich kam mir albern vor. Da hatte ich so viel Zeit und Geld verbraucht, nur um schließlich wie eine dumme Pute auszusehen! Tränen rollten über meine Wangen und hinterließen schwarze Spuren aus Wimperntusche.

Don berührte mein Haar, das vom Spray ganz steif geworden war.

„Könntest du nicht mal gehen und sehen, ob du irgendwo meine Frau findest? Wenn ja, sag ihr, daß ich sie zum Mittagessen einladen möchte!"

Ich stand unter der Dusche und spülte mein „neues Ich" gründlich weg. Eine halbe Stunde später kehrte ich ins Wohnzimmer zurück – mit langem Kleid, ohne Make-up, das Haar in Zöpfe geflochten.

Don zog mich an einem Zopf. „Ja – das ist meine Frau!"

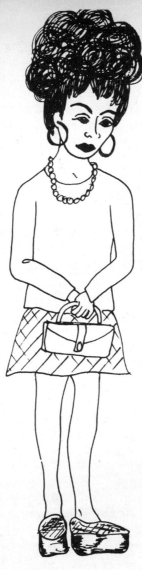

*Schrei im Wind –
in moderner Aufmachung!*

Ich streckte mich und berührte sein Gesicht. Sein Bart war verschwunden, er hatte sich glatt rasiert.

„Komm, wir gehen essen", sagte er lächelnd.

Um mein altes Ich zu feiern, ging Don mit mir in ein Restaurant für Meeresspezialitäten. Als ich die Speisekarte betrachtete, drehte sich mir der Magen um. Ich dachte nicht, daß ich es über mich bringen könnte, etwas zu essen, das nicht auf vier Beinen übers Land spazierte oder mit zwei Flügeln durch die Luft flog. Etwas, das sich nur durchs Wasser schlängelte, schien mir zum Essen völlig ungeeignet.

Don bestellte Lachsfilet und wartete auf meinen Wunsch. Ich entschied mich für Thunfischbrötchen. Der Name klang nicht so übel wie all die anderen Gerichte, die zu haben waren. Als es auf den Tisch kam, nahm ich eine Hälfte in die Hand, betete darum, daß ich nicht krank davon würde und fühlte ein Würgen in meiner Kehle. Schnell ließ ich das Brötchen in der Tasche meiner Jacke verschwinden und wartete auf die erste Gelegenheit, auch die andere Hälfte auf diese Art loszuwerden. Sobald ich merkte, daß Don anderweitig beschäftigt war, ließ ich auch die zweite Hälfte meines Thunfischbrötchens in die andere Tasche gleiten.

„Siehst du, Liebes, Fische essen schadet dir nichts! Man muß sich nur ein wenig überwinden."

Sicher, dachte ich bei mir. Wenn es dich nicht stört, zerquetschte Fischbrötchen in der Tasche zu haben, macht es gar nichts!

Auf der Heimfahrt drehte er die Heizung an und die warme Luft verbreitete einen intensiven Thunfischgeruch im Wagen.

Don schnupperte. „Ich könnte wetten, daß es hier nach Fisch riecht!"

„Das bildest du dir wohl nur ein", entgegnete ich und wünschte, wir wären schon daheim.

Kaum zu Hause, rannte ich in die Küche und stülpte die Fischbrötchen in den Abfallkübel. Ich wollte meine Taschen reinigen, bevor Don hereinkam.

Als er ein paar Minuten später auftauchte, saß ich brav auf dem Diwan und guckte das Fernsehprogramm an.

„Es tut mir leid", sagte er.

„Was tut dir leid?"

„Daß ich dich zwingen wollte, Fisch zu essen. Es gibt wirklich keinen einzigen Grund, weshalb du ausgerechnet Fisch essen solltest", erklärte er.

„Fein! Dann vergessen wir es!" Ich stieß einen erleichterten Seufzer aus.

„Morgen bringe ich deine Jacke in die Reinigung", erbot er sich.

Ich kuschelte mich tiefer in den Diwan und wandte keinen Blick vom Bildschirm.

„Weil wir doch gerade beim Thema Essen sind – glaubst du, daß wir hin und wieder einmal etwas anderes essen könnten als Mais?"

„Mais ist das Beste. Indianer essen seit eh und je Mais."

„Ich habe Mais sehr gern, aber seit wir verheiratet sind, haben wir zu jeder Mahlzeit Mais gegessen. Könnten wir es zwischendurch nicht auch mit etwas anderem probieren?"

Ich nickte. Während des nächsten Monats hatten wir zu jeder Mahlzeit Erbsen, und nachher kehrten wir wieder zum Mais zurück.

„Liebling, diese Hose ist zu lang. Könntest du sie mir um ein paar Zentimeter kürzen? Ich möchte sie heute noch anziehen", sagte Don.

Ich nahm die Hose und lief ins andere Zimmer. Ich wußte, daß es lange dauern würde, wenn ich die Aufschläge mit der Hand nähen sollte, aber ich hatte die Nähmaschine, die mir Don gekauft hatte, noch nicht so recht im

Griff. Deshalb versuchte ich es mit einem Kompromiß – ich bog den Saum ein, nahm den Hefter von Dons Schreibtisch und klammerte die Aufschläge fest.

Dann brachte ich ihm die Hose zurück. Er betrachtete sie, zog sie wortlos an und ging weg.

Spät in der Nacht erwachte ich und entdeckte, daß Don nicht im Bett war. Ich stand auf und schlich zum Badezimmer, aus dem ein schmaler Lichtstrahl schimmerte. Don saß am Rand der Badewanne und nähte den Saum seiner Hosenbeine. Ich schlich zurück ins Bett und gelobte, die Heftmaschine nie wieder zu verwenden.

14

„Was hat dir Weihnachten bedeutet, als du noch ein Kind warst?" fragte Don.

„Wir haben nie Weihnachten gefeiert. Wir glaubten ja nicht an Gott", sagte ich.

„Viele Leute feiern Weihnachten, ohne an Gott zu glauben", meinte Don. „Willst du damit sagen, daß ihr euch überhaupt nicht um Weihnachten gekümmert habt?"

„Nein – das nicht gerade! Ich erinnere mich, daß mir einmal die Freundin eines Onkels ein Geschenk machte. Es war eine kleine Flasche Parfüm. Ich hatte nie vorher etwas Ähnliches gehabt. Es schien mir ein richtiges Erwachsenen-Geschenk zu sein, und ich war so stolz darauf, daß ich beschloß, es nie zu gebrauchen, damit es ewig halte."

„Hat es ewig gehalten?" wollte Don wissen.

„Nein. Nachts versteckte ich es unter meinem Bett. Es wurde zu Eis, und als ich am anderen Morgen erwachte und nach meinem wunderbaren Schatz sah, war nichts mehr davon übrig als Glasscherben und gefrorenes Parfüm. Ich konnte nicht einen einzigen Tropfen davon brauchen", seufzte ich. „Wie verlief denn Weihnachten für dich, als du noch ein kleiner Junge warst?"

„Schrecklich! Meine Eltern waren zu geizig, um mir oder meiner Schwester etwas zu kaufen. Einmal hängte ich einen Strumpf an die Tür, damit der Nikolaus ihn füllen konnte. Mehr als alles andere wünschte ich mir einen Baseball, und als ich am Weihnachtsmorgen etwas Großes, Rundes in meinem Socken entdeckte, dachte ich, ich hätte endlich meinen Baseball bekommen. Aber es war nur eine Orange! Seit damals hasse ich Orangen!" Er schwieg einen Augenblick. „Wenn meine Eltern zu arm gewesen wären, um Geschenke zu kaufen, hätte ich es verstanden. Aber auch wenn man arm ist, kann man Spielsachen für seine Kinder basteln. Ich war für sie nur eine billige Arbeitskraft. Ich habe auf unserer Ranch schwerer gearbeitet als je einer unserer Tagelöhner. Seit meinem zehnten Lebensjahr habe ich mir meinen Lebensunterhalt selbst verdient. Sobald ich alt genug war, einen Wagen zu fahren, sparte ich für einen alten Lieferwagen und flüchtete nach Alaska. Ich wollte so weit wie möglich von Texas weg."

„Was ist aus deiner Familie geworden?" fragte ich.

„Vermutlich sind sie immer noch auf der Ranch. Meine Schwester hat sehr früh geheiratet, um von zu Hause wegzukommen", erwiderte er.

„Glaubst du, daß du deine Leute je wiedersehen wirst?"

„Nein. Schrei, meine Leute sind –" er seufzte. „Sie sind – einfach eine Katastrophe! Mein Vater trinkt, und meine Mutter ist – nun, sie ist wirklich eine böse Frau. Meine Schwester und ich gingen so früh wie möglich aus dem Haus. Ich komme mir vor wie ein Waisenkind, denn ich hatte nie wirkliche Eltern. Ich war für sie kein Sohn, sondern nur eine billige Arbeitskraft. Du würdest mir einen Gefallen tun, wenn du meine Kindheit und meine Familie nie wieder erwähnst. Ich möchte alles vergessen, was geschehen ist, bevor ich dich kennenlernte. Du bist das einzige Gute, das mir je begegnet ist."

Es war unser erstes gemeinsames Weihnachtsfest, und es sollte etwas Besonderes werden. Zum erstenmal im Leben hatte ich jemand, der mir gehörte und dem ich ein Geschenk machen konnte.

Ich fing viel zu früh mit den Vorbereitungen an, aber ich war zu aufgeregt, um noch länger warten zu können. Unser Weihnachtsbaum war schon Ende November aufgestellt und geschmückt.

Stundenlang klapperte ich sämtliche Geschäfte ab, um für meinen Mann ein passendes Geschenk zu finden. Nichts schien mir gut genug, bis ich eines Tages beim Anblick der Herrenhemdem eine Idee hatte. Ich wollte ihm ein Hemd schneidern, wie es die Häuptlinge der Irokesen trugen! Flugs kaufte ich ein hellblaues Hemd und meterweise bunte Bänder. Daheim nähte ich die Bänder mit winzigen Stichen aufs Hemd. Ich schlüpfte hinein und tanzte damit herum. Die roten, gelben, blauen und grünen Bänder flatterten und leuchteten wie ein Regenbogen. Das würde ihm gefallen! Ein Häuptlingshemd! Ich war überzeugt davon, daß er noch nie so etwas besessen hatte. Stolz packte ich mein Geschenk ein und legte es feierlich unter den Weihnachtsbaum.

Auch Don legte Geschenke unter den Baum; und ich schüttelte, drückte und preßte jedes Päckchen so lange, bis das Papier zerknittert und die Bänder aufgegangen waren.

Don schimpfte und drohte, die Pakete zu verstecken, wenn ich sie nicht in Ruhe ließe. Trotzdem konnte ich nie an ihnen vorbeigehen, ohne sie mit den Händen zu berühren.

„Du solltest mir erlauben, sie jetzt schon aufzumachen. Was ist, wenn mir etwas zustößt und ich zu Weihnachten gar nicht mehr am Leben bin? Dann wüßte ich nie, was du mir schenken wolltest!"

Aber Don lachte nur und verpackte die Geschenke noch besser.

Am Weihnachtsabend saßen wir im Dunkeln, beobachteten die flackernden Lichter am Baum und hörten uns die Weihnachtslieder im Radio an.

In meinem Herzen erwachte die Sehnsucht nach meinen alten Freunden, und ich fühlte mich einsam und allein. Hin und wieder rollte eine Träne über meine Wangen. Aber als das Lied erklang „Am Weihnachtstag werde ich zu Hause sein", wurden die Tränen zu einem Strom. Ich schlug die Hände vors Gesicht und weinte bitterlich.

Don verstand auch ohne Worte, was in mir vorging, und überließ mich schweigend meinem Heimweh.

Kaum hatte ich laut zu weinen begonnen, als ich merkte, wie das Haus bebte. Meine Tränen versiegten augenblicklich. Das Entsetzen packte mich.

„Was ist das?" flüsterte ich angstvoll.

„Nur ein kleiner Erdstoß", entgegnete Don.

Wieder begann das Haus zu zittern. Das Geschirr klapperte im Schrank, und eine Fensterscheibe zersplitterte.

„Das ist ja ein richtiges Erdbeben!" schrie ich. Ich packte eines meiner Geschenke und sprang mitten aufs Bett. „Wir müssen sterben! Ich habe dir ja gesagt, daß etwas passieren wird! Gib mir schnell meine Geschenke!"

Ein neuer Stoß erschütterte das Haus in den Grundfesten, und die Lichter des Weihnachtsbaumes gingen aus. Ich blieb wie angewurzelt auf dem Bett stehen, ein halbausgepacktes Geschenk in der Hand. Tiefe Stille herrschte. Wir warteten darauf, daß der Boden sich auftat und uns lebendigen Leibes verschlingen würde.

Da flackerte das Licht wieder auf, und Don drehte noch ein paar Lampen an. Er nahm mir das halboffene Paket aus der Hand und legte es wieder unter den Baum.

„Du meine Güte! Was ist denn da passiert?" rief er überrascht und betrachtete den Baum.

Aus einem Berg von Tannennadeln ragte das dürre Skelett des Baumes gen Himmel, behangen mit Lichtern und glitzerndem Tand. Ich hatte den Baum zu früh aufgestellt, und er war vollkommen ausgedörrt. Das Erdbeben hatte sein Nadelkleid abgeschüttelt, und wir standen nun vor dem häßlichsten Weihnachtsbaum der Welt! Mein Heimweh war verflogen, wir brachen in schallendes Gelächter aus.

Wir beschlossen, unsere Päckchen jetzt und nicht erst

am anderen Morgen zu öffnen. Don überreichte mir feierlich drei Pakete, die ich neugierig aufriß. Im ersten war eine Silberkette mit einem Kreuz, und ich legte sie um den Hals, bevor ich die anderen Geschenke ansah. Im zweiten Paket war ein winziger Wal, den Don für mich geschnitzt hatte, und im dritten lag ein flauschiger, rosaroter Bademantel.

„Oh, danke! Das sind wunderbare Geschenke!" rief ich und betrachtete den Wal, den er für mich geschnitzt hatte. Nachher schlüpfte ich in den weichen, warmen Bademantel. „Wie schön ist das alles! Aber jetzt mußt du dir dein Geschenk ansehen!" Ich drückte ihm das Päckchen in die Hand und wartete gespannt auf das, was er dazu sagen würde.

„Welch schönes –" Er hielt das Hemd hoch und ließ die farbigen Bänder in der Luft baumeln. „Es ist ein sehr hübsches – Ja, was ist es eigentlich?"

„Es ist das Häuptlingshemd der Irokesen!" sagte ich stolz und half ihm beim Anziehen.

Er betrachtete sich im Spiegel. „Ich bin aber kein Irokesen-Häuptling!"

„Gefällt es dir nicht?" Ich war enttäuscht. „Ich habe vergessen, daß du kein Indianer bist. Ich hätte dir ein Geschenk für Weiße kaufen sollen."

„Aber nein, es gefällt mir! Wirklich! Es ist nur – ich habe noch nie ein solches Hemd gehabt, deshalb war ich so überrascht. Es ist wirklich schön!" sagte er und zog es wieder aus. Nach einem kurzen Blick auf mein Gesicht besann er sich anders und schlüpfte wieder hinein. „Es ist so schön, daß ich es bei einem besonderen Anlaß tragen wollte, aber es gefällt mir so gut, daß ich es schon heute anziehen will." Wieder betrachtete er sich im Spiegel.

„Ich könnte die Bänder wieder abtrennen!" schlug ich vor.

„Nein! Du hast dir mit dem Annähen so viel Arbeit

gemacht! Ich bin wahrscheinlich der einzige Mann in ganz Alaska, der ein Häuptlingshemd hat. Wetten wir?" Er lächelte. „Fröhliche Weihnachten, Schrei im Wind! Ich liebe dich!"

„Fröhliche Weihnachten!" Ich überlegte, ob auch ich sagen sollte: „Ich liebe dich!", aber ich konnte mir nicht vorstellen, daß mein Mund diese Worte jemals aussprechen könnte.

Wir warfen noch einen letzten Blick auf unseren erbärmlichen Baum und gingen dann zu Bett. Um den Hals trug ich das silberne Kreuz, und unter dem Kissen versteckte ich den kleinen, geschnitzten Wal.

Es war das schönste Weihnachtsfest, das ich je erlebt hatte.

# 15

Es fiel mir schwer, neue Freunde zu finden. Deshalb klammerte ich mich verzweifelt an meine alten Freunde in Colorado. Briefeschreiben wurde ein Teil meines Alltags, und gespannt wartete ich auf Post. Ein Brief von Freunden aus meiner Gemeinde bewirkte, daß ich mein neues Leben weniger einsam, weniger angstvoll empfand. Sorgfältig verwahrte ich jeden Brief, den ich bekam, und las ihn immer wieder an den Tagen, an denen keine Post ankam.
  Begierig wartete ich Tag für Tag auf den Briefträger und war ungehalten, wenn er später als gewöhnlich kam. Meine Tage wurden „gut", wenn ich eine Menge Post erhielt, und „schlecht", wenn der Briefkasten leer blieb.
  Eines Tages erhielt ich einen Brief, der mich tief erschütterte. Es war an einem bitterkalten Januartag. Die Kälte drang durch Mark und Bein, und nichts konnte mich wärmen. Ich trug meine dicksten Kleider und hielt mich in nächster Nähe des Ofens auf, aber auch das half nichts. Ich erinnerte mich daran, wie eiskalt es oft war, als wir noch in dem kleinen Dachpappenhaus im Reservat wohnten. Mir schien, als hätte ich mein ganzes Leben lang gefroren. Wie sehnte ich mich nach einem einzigen Sonnenstrahl, der wieder Leben in meinen zitternden Körper bringen konnte!
  Er kam mit der Morgenpost, der Brief von Sally, in dem sie schrieb, daß Audrey gestorben sei. Meine Augen schwammen in Tränen, und meine Hände zitterten so sehr, daß ich den Rest des Briefes kaum lesen konnte. Audrey und Pastor McPherson hatten ihr Abendbrot gegessen und saßen vor dem Fernsehapparat. Von einem

Augenblick zum anderen war Audrey nicht mehr. Sie starb so friedlich, so ruhig, daß Pastor McPherson, der neben ihr saß, nicht einmal merkte, daß Gott sie heimgeholt hatte. Er stellte ihr eine Frage, und als sie keine Antwort gab, dachte er, sie sei eingeschlafen. Erst als er sie zu wecken versuchte, entdeckte er, daß sie für immer eingeschlafen war.

Erschüttert schrie mein Herz auf. Audrey, meine Freundin – heimgegangen! Stundenlang weinte ich und verfiel in tiefe Depression. Audreys Tod stürzte mich in ein schwarzes Loch. Ich vermißte sie schwer und verstand nicht, weshalb sie sterben mußte, obwohl sie so herzensgut war und von so vielen Menschen noch gebraucht wurde.

Ich zürnte Gott, daß er jemanden sterben ließ, den ich liebte. Ich wußte, daß ich mich für Audrey freuen sollte; sie lebte ja nun in der Gegenwart des allmächtigen Gottes, und ihre Freude war vollkommen. Aber der Schmerz um sie hüllte mich so völlig ein, daß ich an nichts anderes als an meinen großen Verlust denken konnte.

Erst als Pastor McPherson mir schrieb, war ich imstande, Audreys Tod als den Willen Gottes anzunehmen. Trotz seines großen Schmerzes und seiner Einsamkeit schrieb er mir von seinem allmächtigen, liebenden Heiland, der Audrey heimgeholt hatte. Er wußte, daß sie beide nach kurzer Trennung im Himmel wieder vereint sein würden. Sein Glaube nahm auch für mich den Stachel des Todes weg, und ich erkannte, daß der Tod für einen Christen nicht das Ende bedeutete – er ist nur ein Schritt zum ewigen Leben.

16

Der Schneesturm peitschte gegen das Fenster. Don brachte den Flockenwirbel mit ins Haus, streifte die weißen Kristalle vom Anorak und bedeckte den Boden mit den glitzernden Schneesternen.

„Diesmal werde ich länger wegbleiben", erklärte er. Die gleichen Worte hatte ich schon öfter gehört.

„Ich weiß. Schon recht!" antwortete ich.

Er mußte Hunderte von Kilometern nordwärts fliegen, über den Polarkreis hinaus, wo er auf einem Ölfeld arbeitete.

„Mach dir keine Sorgen um mich! Mir geht's gut. Wenn nur die Sonne bald zurückkommt! Es ist so schwer, im Dunkeln zu leben." Ich ging zum Fenster und schaute in die Winternacht von Alaska, die monatelang dauerte. Monate der Dunkelheit, Monate bangen Wartens auf die Sonne lagen vor mir.

„Was siehst du, Schrei im Wind?" fragte Don.

„Nichts", gab ich zur Antwort. Wie konnte ich ihm sagen, daß ich in weiter Ferne hohe Berge und grüne Wälder sah? Und Indianer, die auf wilden Pferden unter der sengenden Sonne durch die Prärie jagten? Wie konnte ich ihm erklären, daß ich donnernde Büffelherden in den Wolken sah? Seine grauen Augen konnten niemals die Dinge erkennen, die vor den meinen standen. Seine Ohren konnten nie den Schlag der alten Trommel hören, der in meinem Herzen dröhnte.

Wieder war er gegangen, und es konnte Wochen dauern, bis er zurückkehrte. Ich verkroch mich mit einem

Dutzend Büchern in unserem warmen Häuschen und ließ die ganze Welt draußen.

Drei Tage später heulte der Wind wie ein hungriger Wolf und blies die Schneekristalle so heftig ans Fenster, daß sie wie Kieselsteine gegen die Scheiben klirrten. Jeden Morgen lag der Schnee höher, und mittags wußte ich, daß das Ende des Schneefalls nicht abzusehen war. Wenn dieser Sturm noch länger dauerte, war ich vollkommen eingeschneit, und die Lebensmittel würden mir langsam ausgehen. Es war ein Fehler gewesen, die Vorräte nicht aufzufüllen. Nun blieb mir nichts anderes übrig, als mich in den Sturm hinauszuwagen, um einzukaufen.

Ich zog meine Lederjacke an und band ein Tuch um den Kopf. Dann stapfte ich hinaus in die blendend weiße Welt. Die Flocken fielen so schnell und dicht, daß man kaum die Hand vor den Augen sah, und ich betete, daß ich meinen Weg nicht verfehlen möge.

Trotz des tiefen Schnees dauerte es nicht lange, bis ich die drei Kilometer bis zum nächsten Lebensmittelladen geschafft hatte. Ich wußte, daß ich viel zuviel kaufte, aber ich war hungrig und wollte Vorrat für mehrere Tage haben. Als ich die zwei schweren Einkaufstaschen hob, wankte ich unter ihrer Last.

Obwohl es erst kurz nach Mittag war, wurde es bereits dunkel. Mit jedem Schritt wurden meine Taschen schwerer. Nach etwa einem Kilometer war ich so müde und verschwitzt, daß ich stehenblieb, um mich auszuruhen. Ich zog die Jacke aus und setzte mich hin, bis ich imstande war, die restliche Wegstrecke zu gehen. Der eisige Wind brachte mir sofort mehr als Kühlung, und nach wenigen Augenblicken zog ich die Jacke wieder an, packte meine schweren Taschen und stapfte nach Hause.

Keuchend wankte ich durch die Haustür. Ich kippte den Inhalt meiner Taschen auf den Tisch. Meine Brust schmerzte, und mein Hals brannte. Ich versuchte, meine

Einkäufe wegzuräumen, aber ich war viel zu schwach dazu. Nur Milch und Fleisch brachte ich in die kleine Schneehütte, die uns als Kühlschrank diente. Dann kochte ich mir eine Suppe und aß ein paar Löffel voll, aber mein Hals tat weh und weigerte sich, zu schlucken. Erschöpft ließ ich mich ins Bett fallen.

Als ich am nächsten Morgen spät erwachte, hatte ich das unangenehme Gefühl, krank zu sein. Auf meinen Lungen schien ein riesiger Büffel zu stehen, und ich konnte nur ganz flach atmen. Ich lag im Bett und beobachtete den Schnee, der an das Fenster peitschte, bis die weiße Wand so hoch war, daß ich nichts mehr sehen konnte.

Ich war zu schwach, um das Bett zu verlassen, und wenn ich mich aufsetzte, wurde mir schwindlig. Mein Körper glühte, und jeder Atemzug hörte sich wie das Rasseln einer Kette an. Ich döste vor mich hin und war glücklich, wenn ich ein wenig schlafen und den Schmerz in meiner Brust vergessen konnte.

Am anderen Tag nach Mitternacht hörte der Sturm so plötzlich auf, als ob jemand eine Tür geschlossen hätte. Der Ofen ging aus. Ich versuchte zu beten, aber meine Gedanken flatterten davon, und ich konnte nur wenige Worte stammeln. Erinnerungen an meine Kindheit tauchten auf, ich dachte an die Zeit, da ich in der warmen, goldenen Sonne gespielt hatte. Meine Mutter fiel mir ein, eine kleine, zarte Frau mit traurigen Augen. Langsam kehrten meine Sinne zurück. Mir war, als führen Messer durch meine Lungen, und ich hustete Blut.

„Ich sterbe", krächzte ich heiser, und konnte nicht glauben, daß das meine Stimme war. „Ich muß hier sterben, hier, an diesem kalten, finsteren Ort, weit weg von daheim!"

Daheim! Daheim, wo es warm ist und wo liebe Freunde mir zulächeln.

Dann stützte ich mich auf meinen Ellbogen und rief

einen Namen, den ich seit Jahren nicht mehr laut ausgesprochen hatte. „Mutter!" schluchzte ich. „Mutter! Ich will zu meiner Mutter!" Ich war wieder ein kleines Kind, das Trost und Hilfe brauchte, das Angst hatte, das hungerte, fror und litt. All die vergangenen Jahre zählten nicht mehr. Nichts war mehr wichtig für mich, nur sie. Sie wollte ich jetzt in meiner Nähe haben.

Ich sank zurück aufs Bett. „Wenn ich noch einmal davonkomme, werde ich mich aufmachen und sie suchen", flüsterte ich. „Ich möchte meine Mutter wiedersehen."

Heimweh

Einsam ist mein krankes Herz,
die Fremde birgt nur Leid und Schmerz.
Die Winterdecke wärmet nicht
noch tröstet mich des Nordens Licht.

Die Berge, so herrlich sie auch sind,
trennen uns beide – die Mutter vom Kind.
Ich bin gefangen im kalten Land,
mich fesselt der Griff einer eisigen Hand.

Im Sommer blühen Vergißmeinnicht,
doch beugen im Wind sie ihr Angesicht.
Das Heimweh kehrt wieder, der Winter ist lang,
und meinem Herzen ist's so bang.

Auf den Ölfeldern fielen einige Maschinen aus. Deshalb schickte die Gesellschaft ihre Männer eine Woche früher als vorgesehen nach Hause. Als Don kam, fand er mich unter Mänteln und Decken im Bett begraben. Ich zitterte vor Kälte und spuckte Blut.

Er brachte mich ins Krankenhaus, und ich hörte den Arzt mit ihm reden.

„In einer warmen, trockenen Gegend ginge es ihr besser. Wie so viele Indianer hat sie schwache, anfällige Lungen, was auf schlechte Ernährung und die primitiven Wohnverhältnisse zurückzuführen ist, in denen sie aufwuchs. Sie hat Glück gehabt, daß Sie jetzt nach Hause gekommen sind!"

Ich schloß die Augen und dankte Gott für meine Rettung. Ich war überzeugt, daß es kein Zufall war, daß die Maschinen auf den Ölfeldern ausfielen und Don früher als erwartet heimkehrte.

Nach wenigen Tagen erholte ich mich, nur ein hartnäckiger Husten quälte mich noch monatelang.

Als ich mich besser fühlte, nahm mich Don mit auf eine Reise durch Alaska. Wir besuchten kleine Handelsniederlassungen längs der Straße und beobachteten Karibuherden und große, häßliche Elche, die ihre Nahrung in den sumpfigen Tälern suchen. Von allen Orten, die wir besuchten, gefiel mir Homer am besten. Die Docks mit Dutzenden von Fischerbooten schienen aus einem Bilderbuch zu stammen. Don zeigte mir das Schiff, mit dem er einmal auf Krabbenfang gegangen war. Ich machte Skizzen und schrieb Gedichte. Wir verbrachten unzählige Stunden am Strand und beobachteten die Brandung. Ich war überwältigt von der Größe und Majestät des Pazifiks.

„Schrei im Wind hat den Pazifischen Ozean gesehen!" rief ich und plantschte in dem eiskalten Wasser.

„Und der Pazifik hat Schrei im Wind gesehen!" rief Don zurück.

„Das ist nicht so wichtig!" lachte ich.

Diese Tage der Ruhe und Freiheit gaben mir die Gesundheit wieder, und ich fühlte mich viel kräftiger, als wir in unser kleines Haus zurückkehrten.

17

Don hatte zwar die Grundschule besucht, aber er konnte kaum lesen und schreiben. Es dauerte unglaublich lang, bis er sich durch einen einfachen Abschnitt „gebissen" hatte, und wenn er schrieb, konnte man es kaum lesen – ganz zu schweigen von seiner mangelhaften Orthographie.

„Ich verstehe nicht, wie du mit deiner mangelhaften Schulbildung so schnell und gut lesen und schreiben kannst. Ich habe zwölf Jahre meines Lebens in der Schule vergeudet und kann nur mit drei Kreuzchen unterschreiben!" lachte Don.

„Großmutter hat mir Romane zu lesen gegeben, als ich fünf Jahre alt war. Ich bin mit Western und Agatha Christie-Kriminalromanen aufgewachsen. Als ich acht Jahre alt war, kannte ich fünfzig verschiedene Methoden, um jemanden zu vergiften. Jahrelang habe ich mindestens drei Bücher pro Woche gelesen – das gibt eine ganz nette Summe Lesestoff. Kann sein, daß die Erziehung in der Schule eher ein Nachteil ist", fügte ich hinzu.

„Würdest du gern wieder zur Schule gehen und mit einem Diplom abschließen?" fragte Don, als er meine Bücher aufeinander stapelte.

Mir wurde übel, und ich sank auf den nächsten Stuhl.

„Zurück zur Schule?" In mir stieg die Erinnerung an steineschleudernde Kinder und grinsende Lehrer auf. „Nein! Ich werde nie wieder zur Schule gehen!"

Don fuhr fort: „Ich habe heute eine Anzeige gelesen. Die Universität bietet Fernkurse auf verschiedenen Gebieten an. Ich dachte, das würde dich interessieren."

„Du schämst dich, weil ich so ungebildet bin", klagte ich.

„Was fällt dir ein! Ich dachte nur, daß du mehr aus dir machen könntest. Du bist intelligent. Du hast in einer Woche mehr Bücher gelesen als ich in meinem ganzen Leben. Ich dachte, du würdest gern noch mehr lernen." Er warf ein kleines Buch auf den Tisch. „Sieh dir das mal an und dann gib mir Bescheid. Okay?"

Ich nahm das Heft und überflog die Seiten. Fünfundzwanzig Kurse waren ausgeschrieben. Bei den meisten hatte ich keine Ahnung, was gemeint war, doch einer nannte sich „Indianische Anthropologie." Das würde sicher interessant sein. Es war ein Kurs über das Leben der alten Indianer. Ich sprach mit Don darüber.

„Das ist genau das Richtige für dich! Am besten schreibst du dich sofort ein!" Er war begeistert.

„Na, gut", brummte ich und füllte den Zettel aus. Wenn er eine Hochschulabsolventin zur Frau haben wollte, hätte er eben eine solche heiraten sollen!

Eine Woche später brachte der Postbote die Bücher, und bald erhielt ich meine ersten Aufgaben. Ich war wieder in der Schule, die ich so sehr haßte. Es war zwar ein Fernkurs, aber es war doch eine Schule.

Die Bücher gefielen mir, und die Fragen waren nicht so schwer, wie ich es mir vorgestellt hatte. Ich las, daß der Mensch als schleimige Zelle im Ozean seinen Ursprung hatte und im Verlauf mehrerer Millionen Jahre eine Entwicklung bis zum Menschenaffen durchgemacht habe. Dann verlor er seinen Pelz, nahm verschiedene Hautfarben an und wurde Mensch. Der Kurs war für ein Jahr vorgesehen, aber da ich viel freie Zeit zur Verfügung hatte, brauchte ich nur sechs Monate. Als ich mit Auszeichnung abschloß, war Don außer sich vor Begeisterung.

„Großartig! Ich wußte, daß du es schaffen würdest! Du könntest dir noch einen akademischen Titel erarbeiten, wenn du weitermachst. Welchen Kurs willst du als nächsten belegen?" Er nahm einen Reißnagel und heftete mein Zeugnis an die Wand.

„Als nächsten? Du hast nichts davon gesagt, daß ich mehrere Kurse nehmen sollte! Ich dachte, wenn ich diesen einen gut durcharbeite, sei die Sache erledigt. Ich will doch gar nicht mehr zur Schule gehen! Weshalb sind diese Zettel da so wichtig?" Ich packte das Zeugnis und riß es von der Wand. Dann lief ich ins Schlafzimmer und schmetterte die Tür hinter mir zu.

Don lief mir mit dem Zeugnis in der Hand nach.

„Tut mir leid. Ich dachte, du hättest Freude am Lernen, weil du doch ohnehin die ganze Zeit liest. Ich dachte, du würdest dir gern ein solches Ziel setzen, und ich wollte dir dabei helfen. Natürlich brauchst du keinen Kursus mehr zu machen, wenn du nicht willst", fügte er hinzu.

Ich hörte auf zu weinen. „Ich lese und lerne gern, aber ich brauche kein Papier von irgend jemandem, das mir sagt, was ich gelernt habe. Dieser Wisch macht mich nicht um ein Haar klüger!"

Ich war böse auf Don. Seinetwegen hatte ich nun eine Nummer der Sozialversicherung und einen Führerschein. Und ich hatte einen Kurs an irgendeiner Schule mitgemacht, um etwas über die Indianer zu lernen, und nun wollten die mir weismachen, daß Indianer aus einer Zelle des Ozeans kamen und nicht von Gott geschaffen worden waren!

Wie die meisten Weißen dachte auch Don, was auf einem Papier steht, sei ungeheuer wichtig. Aber wie die meisten Indianer war ich genau der gegenteiligen Meinung.

Die Wochen vergingen. Die bewußten und unbewußten Schläge und Nadelstiche machten mich traurig und müde. Ich hatte nun genug vom Verheiratetsein. Ich wollte mich scheiden lassen und nach dem Süden zurückkehren, wo die Sonne so warm schien und ich meinen Kopf nicht mehr in dumme Papiere stecken mußte. Herr Stafford konnte ruhig hier bei seinen Papieren und seinem Schnee bleiben. Ich wollte es ihm zeigen!

Ich lief zum Schrank, nahm all seine Kleider heraus und legte sie auf einen Haufen. Nachher leerte ich seine Schubladen und legte alles fein säuberlich zusammen. Nun nahm ich die Decke vom Bett und schnitt sie in zwei gleich große Hälften. In eine Hälfte wickelte ich seine Kleider. Ich trug das Paket hinaus und legte es vor die Tür. Zuletzt stellte ich seine Schuhe neben das Bündel, mit den Spitzen von der Türe weg.

Dann trat ich zurück und betrachtete mein Werk. So, nun waren wir nach indianischer Sitte geschieden!

Ich ging wieder hinein und schloß die Tür hinter mir. Ich wollte ihn nie wieder sehen.

Erleichtert setzte ich mich hin und begann, auf Hasenfellen zu malen. Genau um fünf Uhr dreißig ging die Tür auf und herein kam Don mit dem Bündel Kleidern in der einen und den Schuhen in der anderen Hand.

Ich stand auf. „Was machst denn du hier?" Wußte er nicht, daß ich mich von ihm getrennt hatte? Wenn ein Mann seine Sachen draußen vor der Tür fand, mit den Spitzen der Schuhe nach vorn zeigend, nahm er seine Sachen und verschwand.

„Gehört das in die Reinigung, oder hast du nur die Schränke sauber gemacht?" fragte er und warf alles auf den Diwan. Er hielt seine Deckenhälfte hoch. „Was ist denn da passiert?" wunderte er sich.

Ich stand da, die Arme in die Hüften gestemmt. Wußte er denn überhaupt nichts? Ich betrachtete ihn eine Weile, dann fand ich, ich könnte ihn eigentlich vorläufig noch behalten. Also ging ich auf ihn zu, nahm ihm die Decke aus der Hand und ging ins Schlafzimmer.

„Was machst du denn jetzt?" fragte er.

„Ich nähe die Decke wieder zusammen", erklärte ich und wunderte mich, wie er bis heute durchs Leben gekommen war, wenn er doch gar nichts wußte. Ich mußte eine andere Möglichkeit finden, um unsere Ehe zu scheiden. Don kannte ja die Spielregeln der Indianer nicht.

Mein Mann sagte mir jeden Tag, daß er mich liebte, aber ich hatte schon in frühester Kindheit gelernt, niemandem zu trauen, deshalb glaubte ich ihm nicht. Ich war überzeugt davon, daß er es nur sagte, weil man es von ihm erwartete. Schließlich – was kostete es ihn schon? Es waren ja nur Worte. Worte sind billig! Und ich brachte es immer noch nicht übers Herz, ihm zu sagen „Ich liebe dich!"
Die Worte, die Flint mir bei unserer letzten Begegnung gesagt hatte, klangen mir noch in den Ohren: „Was kann er schon an dir finden? Weshalb sollte irgendein Mann dich heiraten wollen?" Ich fand keinen einzigen Grund, weshalb Don mich hatte haben wollen. Er hätte hübschere Mädchen heiraten können, solche, die „Ich liebe dich" sagen konnten und es auch wirklich so meinten. Er mußte jetzt endlich erkannt haben, welch furchtbaren Irrtum er begangen hatte. Bald würde er mich verlassen und nie mehr zurückkommen. Was aber würde aus mir, wenn er mich verließ? Ich kannte niemanden hier oben. Ich war weit weg von zu Hause. Wahrscheinlich würde er mich davonjagen nur mit dem, was ich am Leibe trug, und ich würde verhungern oder erfrieren.
Da es ohnehin nur eine Frage der Zeit war, bis er mich verließ, wollte ich ihm zuvorkommen und zuerst weggehen. Mein ganzes Leben lang waren die Menschen um mich her weggegangen. Ich war immer zerbrochen, verängstigt und allein zurückgeblieben. Diesmal würde ich klüger sein – diesmal würde ich weggehen!
Ich wußte, daß ich in der Kirche und vor Gott verspro-

chen hatte, diesen Mann zu lieben, zu ehren und ihm bis zum Tode zu gehorchen. Deshalb vermied ich es sorgfältig, Gott in dieser Sache um seine Meinung zu fragen. Ich wußte, daß er nicht einverstanden war. Am besten würde ich einfach verschwinden, und wenn ich sicher daheim angelangt war, konnte ich Gott ja um Vergebung bitten. Ich hoffte, er würde mich nicht gerade mit einem Blitzschlag töten.

Also begann ich, Pläne zu schmieden. Ich legte das Geld, das ich mit meinen Malereien verdiente, beiseite und wollte in ein paar Wochen auf und davon gehen. Don gegenüber ließ ich mit keiner Silbe etwas von meinem Plan verlauten. Das war mein Geheimnis. Er war freundlich zu mir gewesen, und ich war ihm dafür dankbar, aber ich war überzeugt, daß das Ende unserer Beziehung vor der Tür stand, und das machte mich ruhelos und nervös. Ich war sehr vorsichtig, um Don nicht argwöhnisch zu machen. Und ich war überzeugt, daß er keine Ahnung von meinem Vorhaben hatte.

Eine Woche, bevor ich gehen wollte, brachte Don eine Schuhschachtel nach Hause und gab sie mir. Als ich sie öffnete, fand ich ein reizendes schwarzes Kätzchen darin.

„Wie niedlich! Woher hast du es?" fragte ich.

„Es war in der Zeitung angeboten", sagte er und streichelte das Kätzchen.

Ich drückte das weiche Bällchen an meine Wange. „Wie heißt es?"

„Bleib-ein-wenig", entgegnete er.

Ich schaute in Dons graue Augen. Sein Blick schien mich zu durchbohren und meine Gedanken zu lesen.

„Was sagst du?"

„Es heißt ‚Bleib hier!'" antwortete er. „Ich bring ihm ein wenig Milch." Und er verschwand in der Küche.

Das Kätzchen lag auf meinem Schoß. Ahnte Don etwas? Das war doch nicht möglich! Ich war doch so vor-

sichtig gewesen. Es mußte purer Zufall sein.
„Bleib hier", wiederholte ich, als Don zurückkam. „Das ist doch kein Name für eine Katze."
„Ich fand, es sei ein guter Name. Vielleicht wird er es vor dem Weglaufen und Verlorengehen bewahren." Don kraulte das Kätzchen hinter den Ohren. Es schnurrte behaglich und schlabberte die Milch aus der Untertasse.
Bald nahm die Katze Besitz von unserem Häuschen und führte sich auf, als ob es ihr gehörte und wir ihre Haustiere wären. Ich war fest entschlossen, mein Herz nicht zu sehr an das kleine Ding zu hängen, denn ich wollte ja bald ausreißen. Mein Köfferchen war schon gepackt und lag unter dem Bett, damit Don es nicht finden konnte. Ich wollte nur das mitnehmen, was ich in die Ehe mitgebracht hatte, und das war nicht viel. Es fand Platz in einem kleinen Koffer.

Der Tag kam, an dem ich abreisen wollte. Ich hatte es den ganzen Tag über vermieden, Don in die Augen zu blicken, weil ich Angst hatte, er könnte meine Gedanken erraten. Ich wußte nicht genau, wie er sich verhalten würde, wenn er ahnte, daß ich ihn diese Nacht verlassen wollte. Ich war emsig beschäftigt mit Putzen und Kochen. Zwei Apfelkuchen hatte ich gebacken, damit er etwas zu essen hätte, wenn ich weg war. Ich gab mir Mühe, nicht an mein Vorhaben zu denken, sonst wurde ich ganz konfus. Dabei war es doch die einfachste Sache der Welt: Ich verließ meinen Mann, bevor er mich verlassen konnte.
Als ich sicher war, daß Don schlief, huschte ich aus dem Bett und schlich auf Zehenspitzen ins Bad. Schnell zog ich mich an und raffte die letzten paar Sachen zusammen. In einer Stunde würde mich das Flugzeug wieder nach Hause bringen. Nichts konnte mich mehr zurückhalten.
Vorsichtig zog ich das Köfferchen unter dem Bett hervor und betete, daß Don nicht aufwachen möge. Ich öff-

nete es, um meine letzten Kleinigkeiten einzupacken. Da fand ich einen Zettel auf meinen Kleidern. Ich nahm das Papier zur Hand und las in dem trüben Licht: „Ich liebe dich. Bitte, geh nicht fort!"

Don wußte also um alles! Er hatte es die ganze Zeit über gewußt!

Reglos stand ich im Dunkeln. Tränen liefen lautlos über meine Wangen. Bleib-ein-wenig streckte sich, rollte sich auf die andere Seite und schlief wieder ein.

Wenn ich nicht sofort wegging, verpaßte ich mein Flugzeug. Und wenn ich blieb, was erwartete mich? Was, wenn Don mich sitzen ließ und ich wieder allein dastand?

Da hörte ich Gottes Stimme in meinem Herzen: „Don ist nicht der Typ, der sich mit einem Köfferchen in der Hand mitten in der Nacht wie ein Dieb aus dem Staub macht. Du hast mich um einen Ehemann gebeten, und ich habe dir einen gegeben. Glaubst du wirklich nicht, daß ich weiß, welcher der Richtige für dich ist?"

Lautlos klappte ich das Köfferchen zu und schob es wieder unters Bett. Ich schlüpfte aus den Kleidern und schlich sachte wieder ins Bett, um Don nicht zu wecken. Vielleicht konnte ich ihm wirklich trauen? Vielleicht liebte er mich wirklich und hatte gar nicht die Absicht, mich zu verlassen?

„Gut, Herr", betete ich. „Ich will bleiben."

Bald darauf schlief ich ein. Den Zettel hielt ich fest in meiner Hand – ein paar Worte, mit Bleistift auf ein Stück Papier gekritzelt, die mir sagten: „Ich liebe dich! Bitte, geh nicht fort!"

18

Keiner von uns beiden hat jemals das Zettelchen in meinem Koffer erwähnt. Wir verhielten uns so, als sei nichts geschehen.

Ich bildete mir ein, für Don keine Liebe zu empfinden, aber ich konnte zum mindesten so tun, als ob. Wenn ich meine Sache gut machte, würde er nie den Unterschied merken.

Ich probierte verschiedene Rezepte aus dem Kochbuch, das Don mir geschenkt hatte, und ich lernte mit der Nähmaschine zu nähen und nicht nur mit dem Hefter zu klammern. Ich versuchte, mein aufbrausendes Temperament zu beherrschen und unser Leben friedlich zu gestalten. Allmählich fragte ich mich: „Was würdest du heute für Don tun, wenn du ihn wirklich lieb hättest?" Als Antwort putzte ich seine Schuhe oder backte einen Kuchen. Ich fand, es lohne sich, ihm ein wenig Theater vorzuspielen, denn er schien jetzt viel glücklicher als je zuvor.

Der Sommer kam, und die Sonne machte gut, was sie den Winter hindurch versäumt hatte. Ich liebte die langen Tage und ging erst morgens um drei ins Bett, weil es immer hell war. Don nahm mich auf lange Wanderungen mit, und ich lernte die wilde Landschaft kennen und lieben. Wir kampierten im Freien und paddelten im Kanu in eiskalten Flüssen. Es war herrlich, wieder die Nähe von Mutter Erde zu spüren, den Wind und die Sonne zu erleben und durchs dichte Gras und unter hohen Bäumen zu wandern.

Eines Tages liefen wir kilometerweit durch einen dichten Wald, in dem die Farne größer waren als wir selbst. Wir pflückten Beeren und suchten Fossilien. Es war ein wunderschöner Tag. Wir waren so weit weg von jeder Zivilisation, daß mir schien, wir seien die einzigen Menschen auf der ganzen weiten Welt.

Als wir eine kurze Rast einschalteten, bückte sich Don, pflückte eine Löwenzahnblüte und überreichte sie mir. „Hier – eine Sonnenscheinblume!" lächelte er.

Plötzlich stieg die Erinnerung an jenen Tag in mir auf, an dem er mir mit Lutschbonbon und Löwenzahn den Hof gemacht hatte. Wir waren nun beinahe ein Jahr verheiratet, und er hatte in mein Leben mehr Glück gebracht, als ich mir jemals erträumt hatte.

„Ich liebe dich!" sagte ich. Meine Worte schwebten in der Luft wie ein Vogel im Flug. Ich konnte nicht fassen, daß ich sie wirklich ausgesprochen hatte, und Don konnte nicht glauben, daß er sie wirklich gehört hatte.

„Ich liebe dich!" wiederholte ich und fand, das zweitemal sei es bedeutend leichter zu sagen. „Wirklich, ich hab' dich lieb!" Und mein Herz sprudelte über von Gefühlen, die ich mein ganzes Leben lang begraben hatte. Ich warf mich in Dons Arme, ganz überwältigt vor Freude, daß ich mich in meinen Mann verliebt hatte.

Unsere Liebe wuchs, und jeder Tag wurde ein neues Abenteuer. Zwei einsame Menschen würden nun niemals mehr allein sein. Wenn er auf den Ölfeldern arbeitete, schrieben wir uns täglich, und wenn er daheim war, schien jeder Tag ein einziges Fest.

Wie Frauen es seit Urzeiten getan hatten, begann auch ich, um ein Kind zu beten – um das größte Geschenk, das eine Frau dem Mann machen kann, den sie liebt.

Unzählige Male betete ich: „Herr, bitte, schenk uns einen Sohn, und ich will ihn zum Dienst für dich großziehen."

Als die Wochen vergingen und sich kein Kindchen meldete, fürchtete ich, ich sei unfruchtbar. War ich im Begriff,

Ich liebe dich!

eine verdorrte, knorrige, alte Eiche zu werden, die nie Frucht getragen hatte? Nächtelang saß ich im Dunkeln und weinte bittere Tränen. Ich war oft im Leben enttäuscht worden, aber diesmal war auch Don in Mitleidenschaft gezogen, und deshalb schmerzte die Leere doppelt.

Ich versuchte zu beten: „Herr, dein Wille geschehe" und begann, mich mit dem Gedanken anzufreunden, daß wir unser Leben lang nur zu zweit sein würden. Wir liebten einander und waren glücklicher als die meisten anderen Leute. Eigentlich hätte ich zufrieden sein können, aber ich war es nicht.

Ich fing an zu hadern. Ich hatte den Eindruck, Gott habe sich von mir abgewandt. Andere Frauen bekamen Kinder – weshalb nicht ich? Tiere hatten Junge – weshalb nicht ich?

„Nein, Herr! Ich kann nicht mehr bitten ‚Dein Wille geschehe', wenn dieser Wille bedeutet, daß ich kinderlos bleiben muß. Ich will nicht aufgeben! Ich werde dich um ein Kind bitten, und wenn es sein muß, hundertmal am Tag, bis an mein Lebensende! Ich will ein Kind! Gib mir einen Sohn, und ich verspreche dir, daß ich ihn zu deinem Dienst erziehen will." Unzählige Male sprachen meine Lippen dieses Gebet: „Gib mir einen Sohn! Gib mir einen Sohn!"

Ich suchte in der Bibel und las jede Stelle, die von Kindern handelte. Bald hatte ich herausgefunden, daß Kinderlosigkeit in der Zeit des Alten Testaments eine Schande bedeutete.

Rahel war unfruchtbar. Doch dann wurde sie schwanger und gebar einen Sohn und sprach: „Gott hat die Schmach von mir genommen" – 1. Mose 30, 23.24.

Im Buch Samuel weinte Hanna und flehte den Herrn an: „Wenn du ... deiner Magd einen Sohn gibst, will ich ihn dem Herrn weihen sein Leben lang."

„Kinder sind eine Gabe des Herrn, und die Frucht des

Leibes ist sein Lohn", schrieb der Psalmsänger. Wenn Kinder Lohn waren, würde ich kinderlos bleiben, denn ich hatte nichts getan, das Lohn von Gott verdiente.

Aber ich klammerte mich an die Geschichten in der Bibel, in denen die Frauen unfruchtbar waren und später doch Kinder bekommen hatten. Sie waren meine Hoffnung. Ich litt mit Rahel und Hanna und freute mich mit ihnen, weil ihre Gebete erhört worden waren.

Ich kaufte Babywäsche, Decken und Rasseln und versteckte sie, damit Don sie nicht entdeckte. Er würde mich niemals verstehen, sondern höchstens denken, ich hätte den Verstand verloren.

An Tagen, wo ich niedergeschlagen war, holte ich die Kindersachen aus dem Schrank, drückte sie an mein Herz, schloß die Augen und betete: „Bitte, Herr, gib mir einen Sohn!"

In einer Septembernacht, als der Mond über die Baumwipfel blickte und der Wind die dürren Blätter von den Zweigen schüttelte, stand ich am Fenster und bat zum tausendsten Mal: „Gib mir einen Sohn, und ich werde ihn dir zur Ehre erziehen!"

Plötzlich verschwand der Mond vor meinen Augen. Statt dessen sah ich einen riesigen Adler durch die Lüfte schweben. Die Bäume verwandelten sich in einen zerklüfteten Felsen, in dessen Spalten ein Nest versteckt war. Der Adler flog auf sein Nest zu, zog die Flügel ein und setzte sich auf einige Eier. Wenige Augenblicke später breitete er wieder die Schwingen aus und flog ins Tal hinunter, gefolgt von ein paar jungen Adlern.

Die Vision verschwand. Nur noch der Mond und die Bäume standen vor mir. Ich rieb meine Augen und starrte hinaus: Kein Adler, keine Felsen, keine Eier. Und doch hatte ich es gesehen, so klar, als wäre hellster Sonnenschein.

„Danke, Gott. Ich weiß, daß das deine Antwort war. Ich

weiß, daß ich jetzt meinen Sohn unter dem Herzen trage."
Und ich weinte vor Freude.

Ich wollte Don wecken, um ihm die frohe Nachricht zu sagen, aber ich fürchtete, er würde mir nicht glauben. Er würde höchstens sagen, ich hätte geträumt und es mir eingebildet. Ich konnte die Schönheit dieser Vision nicht in Worte kleiden. Sie war zu kostbar, zu einmalig. Es war ein Geheimnis zwischen Gott und mir.

Ich war wie Rahel; Gott hatte die Schmach von mir genommen. Er hatte mein Gebet erhört.

Ich machte ein paar winzige Mokassins aus dem feinsten Leder, das ich finden konnte, und stickte blaue Perlen darauf.

Als sie fertig waren, übergab ich sie Don als Geschenk. „Sie sind für deinen Sohn", erklärte ich und bemühte mich, den Stolz und die Bewegung meines Herzens vor ihm zu verbergen.

„Meinen Sohn?" Er lächelte. Mein strahlendes Gesicht sagte ihm, daß Gott uns gesegnet hatte. „Es könnte ja auch ein Mädchen werden", sagte er und betrachtete die blauen Perlen.

„Nein", schüttelte ich den Kopf. „Ein Mann muß einen Sohn haben. Ich habe um einen Sohn gebetet. Es wird ein Sohn sein!"

Voller Glück zählte ich die Tage. Meine Zeit war ausgefüllt mit Vorbereitungen und Gebeten für die Ankunft unseres Kindes.

Ich brach einen Weidenzweig ab, bog ihn zu einem Reifen und flocht lange Grashalme hinein, bis in der Mitte nur noch eine kleine Öffnung war. Das fertige Netz hängte ich über dem Kinderbettchen auf. Es war ein Traumnetz, wie es die Indianermütter seit undenklichen Zeiten für ihre Kinder gemacht hatten. Das Netz fing die bösen Träume ein, und nur die guten durften durch das winzige Loch in der Mitte schlüpfen. Mein Kind würde glücklich schlafen. Ich machte einen hölzernen Sitz, um mein Kind tragen zu können. Und ich nähte mehr Kleider, als das Kleine je anziehen konnte.

Es war eine glückliche Zeit für mich, und Don war noch aufmerksamer als vorher.

Manchmal überlegte ich, wo ich wohl gelandet wäre, wenn er mich verlassen hätte, wie Flint mir prophezeit hatte. Hätte ich mir dieses Kind auch so sehnsüchtig gewünscht? Was wäre geschehen, wenn ich ein Kind hätte und allein dastehen würde wie meine Mutter? Zum erstenmal im Leben hatte ich eine Ahnung, wie die Sache von ihrer Seite her ausgesehen haben mochte. Man hatte sie viel zu jung an einen Mann verheiratet, der sie nicht liebte. Als er sie verließ, mußte sie furchtbar verängstigt und verletzt gewesen sein. Heute verstand ich besser, weshalb sie mich bei Großmutter gelassen hatte. Ich wünschte von Herzen, sie wüßte, daß sie nun bald selbst Großmutter werden würde.

Don schickte mich zum Arzt. Aber Großmutter hatte alle ihre elf Kinder daheim geboren. Da konnte ich doch wenigstens eines daheim gebären! Der Gedanke, zur Entbindung ins Krankenhaus zu gehen, hatte etwas Beängstigendes für mich. Ich hatte fürchterliche Geschichten über Krankenhäuser gehört. Zum Beispiel, daß man die Patienten kahlschor. Und daß man sie behielt, solange es dem Krankenhaus paßte, und daß sie nicht nach Hause durften, wenn sie wollten. Und manchmal passierten Fehler, und die falschen Leute wurden operiert. Ich wollte nicht ins Krankenhaus. Ich war nicht krank. Ich bekam nur ein Kind.

Eines Montagmorgens wußte ich, daß die Zeit gekommen war. Mein Herz klopfte bei dem Gedanken, daß ich in wenigen Stunden Mutter sein würde. Als Don abends von der Arbeit nach Hause kam, sagte ich ihm, daß es nicht mehr lange dauern würde. Das Baby würde bald da sein!

Die Stunden vergingen, und die Wehen wurden heftiger. Die Nacht verging und der Morgen kam. Don stand neben meinem Bett. Keiner von uns beiden hatte in der Nacht ein Auge zugetan, und die Kräfte hatten mich verlassen.

„Das dauert zu lange", sagte Don. „Ich bringe dich ins Krankenhaus."

Ich begann zu weinen. „Nein, nein! Warte noch ein wenig! Es wird kommen, sobald es bereit ist", und ich flehte ihn an, mich nicht ins Krankenhaus zu bringen. –

Eine Schwester half mir ins Bett. „Wie lange liegt sie schon in den Wehen?" erkundigte sie sich.

„Etwa vierzig Stunden", antwortete Don mit einer Stimme, die gar nicht zu ihm gehörte.

Die Schwester führte Don hinaus, und ich begann laut zu weinen. Ich wollte mein Kind daheim zur Welt bringen, bei meinem Mann. Nun hatten sie ihn hinausgeführt, und ich war allein.

Eine Kickapoo-Frau, die im Kindbett starb, wurde als gefallene Kriegerin betrachtet und mit allen Ehren bestattet, die einem Krieger zukamen, aber diese Aussicht war im Augenblick nur ein kleiner Trost für mich.

Eine andere Schwester kam herein und steckte mir Eis in den Mund. „Nur keine Angst", sagte sie und hielt mir die Hand. Ich war überzeugt davon, daß Gott einen Engel gesandt hatte, um mich zu trösten.

Am frühen Morgen des Mittwoch war unser Sohn endlich da, ein gesundes, schreiendes, strampelndes Baby.

„Danke, o Gott, für unseren Sohn!" Ich lachte. „Er sieht aus wie eine kleine Antilope!" Und so nannten wir unseren erstgeborenen Sohn auch – Kleine Antilope.

Don stand an die Tür des Kreißsaals gelehnt, und als die Schwester die Tür aufstieß, um mein Bett hinauszufahren, gab sie ihm einen Stoß in den Rücken.

„Wir haben einen Sohn!" rief ich laut und lachte übers ganze Gesicht. „Wir haben einen Sohn bekommen!"

Später, als ich Kleine Antilope zum erstenmal im Arm hielt, rannen Tränen über meine Wangen. Wie schön, wie kostbar war er! Mein Sohn! Ich war Mutter geworden! Gott hatte mich gesegnet, Leben in die Welt zu bringen. Nie mehr im Leben würde ich mich häßlich oder nutzlos fühlen. Ich hatte einen Sohn geboren!

Als man die Geburtsurkunde ausfüllen mußte, drängte Don darauf, daß wir unserem Sohn auch einen christlichen Namen geben müßten, deshalb heißt er Aaron Kleine Antilope Stafford.

Daheim stand ich stundenlang neben der Wiege und betrachtete fasziniert das kleine Wesen. Nachts schlich ich in sein Zimmer, um mich zu überzeugen, daß er noch da war und atmete. „Don, ich und das Kind, das macht drei!" flüsterte ich.

Als ich eines Tages beim Bibellesen an die Stelle in Römer 8 kam, wo es heißt: „... Gott, der seines eigenen Sohnes nicht verschonte", rollten die Tränen über mein Gesicht und ich betrachtete das kleine Kind, das in meinen Armen lag und friedlich schlummerte. Mein Sohn! Ich würde meinen Sohn niemals opfern – nicht einmal, um die ganze Welt, jeden einzelnen Menschen dadurch zu retten! Und doch hat Gott seinen einzigen Sohn gegeben für Menschen, die ebenso unwert waren und sind wie ich selber. Wieviel mehr mußte Gott seinen Sohn geliebt haben als ich den meinen, und wie sehr mußte er uns lieben, wenn er seinen Sohn sterben ließ, um uns das ewige Leben zu schenken! Gottes Opfer bekam für mich eine ganz neue, tiefere Bedeutung, und ich wußte, daß ich es nie mehr als selbstverständlich annehmen würde. Zum erstenmal verstand ich, wie sehr Gott mich liebte und was ihn diese Liebe gekostet hatte.

Als Kleine Antilope eine Woche alt war, begann ich,

ihm aus der Bibel vorzulesen. Gott hatte mein Gebet erhört – nun wollte auch ich mein Versprechen halten. Kein Tag verging, ohne daß Kleine Antilope etwas aus Gottes Wort hörte. Wenn ich ihm jeden Tag einen kleinen Abschnitt vorlas, konnte ich mit ihm die Bibel zehnmal durchlesen, bevor er erwachsen war und das Elternhaus verließ. Ich wollte, daß Gottes Wort in seinem Herzen fest verankert würde, bevor er als erwachsener Mann ins Leben hinauszog.

Als mein Sohn zehn Tage alt war, nahm ich ihn mit in den Wald, wickelte ihn aus seinen Decken und Windeln und streckte ihn der Sonne entgegen. „Sonne, bitte, wärme dieses Kind und leuchte ihm auf allen seinen Wegen!" Kleine Antilope strampelte mit seinen winzigen Beinchen, aber er weinte nicht.

„O Gott, höre mir zu und sieh das schöne Kind, das du mir geschenkt hast! Ich habe es dir geweiht, als es noch unter meinem Herzen schlief. Tag für Tag wird er von deiner Liebe hören, von deiner Güte und Größe! Hilf mir, ihn zu deiner Ehre zu erziehen und laß ihn zum Mann heranwachsen, der eines Tages seinen eigenen Sohn in den Armen halten wird. Amen."

Ich zog ihn an und wickelte ihn sorgsam in seine Decke. Dann gingen wir wieder nach Hause.

Die Welt war so schön! Die Zukunft war voller Verheißungen. Gott antwortet auf Gebete!

Kleines Bübchen, lächelnd liegst du mir im Arm,
dein Anblick macht das Herz so warm!
Mein kleiner Bub, du hast im Leben
nur Licht und Freude mir gegeben.
Mein kleiner Bub, mach hell die Welt
mit deinem Blick,
bring Sonnenschein, bring Fried' und Glück!

O Gott, höre mir zu und sieh das schöne Kind, das du mir geschenkt hast!

19

Nicht nur ein Kind. Eines fühlt sich einsam. Nein, es müssen wenigstens zwei sein. Zwei, um miteinander zu spielen. Eines läuft davon, das andere rennt ihm nach!

Ich kannte kein Spiel, denn ich hatte als Kind nie gespielt. Nur ein einziges Mal hatten mich ein paar Kinder aufgefordert, mit ihnen Verstecken zu spielen. Ich hatte mich hinter einigen Büschen versteckt und wartete lange – zufrieden mit mir, weil ich ein so wunderbares Versteck entdeckt hatte, in dem mich niemand finden konnte. Erst nach geraumer Zeit dämmerte mir, daß mich niemand finden würde, weil mich niemand suchte. Sie wollten mich nur loswerden! „Nie mehr werde ich solch dumme Spiele spielen", weinte ich, und ich hielt mein Versprechen.

Die „Spiele", die meine Onkel mit mir spielten, waren nichts für kleine Kinder. Wir hatten uns gegenseitig leere Büchsen vom Kopf geschossen, oder wir zielten einander auf die Füße, um zu sehen, wer zuerst aufsprang. Wilde Spiele, gefährliche Spiele. Pferderennen in halsbrecherischem Tempo, Stürze, Unfälle, Sichwälzen im Staub – und doch irgendwie zu überleben. Nein, das waren keine Spiele für meine Kinder. Ich wollte Bücher kaufen. Ich wollte lernen, wie man spielt, und ich wollte wieder ein Kind werden.

Als Kleine Antilope sechs Monate alt war, fand ich, es sei Zeit für das zweite Kind.

„Es tut mir leid, Kleine Antilope", flüsterte ich ihm zu. „Du wirst nicht mehr lange unser Einziger sein!"

Eines Tages kam Don heim und erzählte, er habe seine Stelle verloren. Die Gesellschaft habe ihre Bohrungen eingestellt, und es sah nicht danach aus, als ob er bald eine andere Stelle finden würde.

„Ich glaube, wir sollten weg von Alaska. Ich habe gehört, daß es in Oklahoma billige Bauernhöfe zu kaufen gibt. Was hältst du davon?" fragte er mich.

„In Oklahoma ist es warm! Die Kinder könnten in der Sonne spielen! Wir könnten einen Garten anlegen!" Ich war sofort bereit, mitzugehen.

Don kaufte ein Zelt, und eine Woche später waren wir unterwegs auf einer Reise, die sechs Monate dauern sollte. Don wollte mir soviel wie möglich vom Land zeigen, deshalb fuhren wir nicht direkt nach Oklahoma, sondern zogen gemächlich durch alle Staaten im Westen. Ich war überzeugt davon, daß ich mein Kind am Straßenrand, irgendwo in der Wüste von Arizona, zur Welt bringen würde. Glücklicherweise kamen wir doch noch rechtzeitig nach Oklahoma, kauften eine Farm mit vierzig Morgen Land und hatten beinahe alle unsere Sachen ausgepackt, bevor unser Sohn ankam.

Don brachte mich in ein Indianerkrankenhaus, und unser zweiter Sohn kam mit zehn Pfund Gewicht und einer Länge von 58 cm auf die Welt. Er war das größte Kind, das je in diesem Krankenhaus geboren worden war. Gerade als wir uns auf den Weg ins Krankenhaus machten, kam eine Hirschkuh durch unseren Garten auf die Veranda. Deshalb gaben wir unserem Sohn den Namen Verlorener Hirsch. Wieder bestand Don darauf, daß er auch einen christlichen Namen haben müsse, und deshalb nannten wir ihn noch Shane.

Nun hatte ich zwei prächtige Söhne, und ich lernte wie nie zuvor, mein Vertrauen auf Gott zu setzen.

Sechs Monate später erwartete ich wieder ein Kind. Don schüttelte den Kopf und fragte: „Glaubst du nicht, daß du nun aufhören könntest, um Kinder zu beten? Gott hat uns reichlich gesegnet!"

Nun hatte ich zwei kleine Kinder, für die ich sorgen mußte, und das dritte war unterwegs.

Unser Haus war alt, und die Wände hatten breite Risse, durch die allerlei Getier hereinkroch. Ich tötete Taranteln, Skorpione und Mäuse und Tausende von namenlosen Insekten. Eines Tages zog ich die Besteckschublade auf und fand eine zusammengeringelte Schlange darin! Ich schlug die Lade so heftig zu, daß sie die Schlange zerquetschte, aber noch Monate nachher konnte ich die Schublade nicht öffnen ohne heimliche Angst. Wir nagelten Dachpappe an die Wände in der Hoffnung, das Ungeziefer abzuhalten, aber es dauerte nicht lange, da hatte der Sturm unsere Verschalung wieder weggerissen.

Ich legte einen Garten an und sang dazu das alte Lied: „Kleine Samenmutter, willst du uns deine Kinder geben?" Die meisten Samenkinder gingen nicht auf, weil Verlorener Hirsch hinter mir herlief und die Körnchen, die ich „verlor", fein säuberlich aufhob und in seine Tasche steckte. Doch das erfuhr ich erst viel später!

Die einzige Nachbarin war eine Irokesen-Medizin-Frau. Sie behandelte wöchentlich zwanzig oder dreißig Indianer mit allen möglichen wirklichen und eingebildeten Krankheiten. Sie hielt sich einen Frosch und einen Falken als „gute Medizin", eine Halskette aus Adlerklauen und eine andere aus menschlichen Knochen.

Man nannte sie die Kräuterfrau der Turtel-Sippe. Es gab keine Pflanze im Wald, die sie nicht für irgend etwas verwenden konnte.

Aber sie war klug genug, um sich auch die Erkenntnisse der modernen Welt anzueignen. Sie hielt sich nicht nur an alte Lieder und Gedichte, sondern befaßte sich mit Astrologie und stellte den Leuten Prognosen nach den Sternen und ihren Tierkreiszeichen.

Eines Tages fragte sie mich, unter welchem Himmelszeichen ich geboren sei.

„Unter dem Zeichen des Kreuzes", gab ich zur Antwort.
„Das gibt es nicht." Sie runzelte die Stirn.
„Doch, das gibt es. Ich bin unter dem Zeichen des Kreuzes von Golgatha geboren", lächelte ich.
„Du bist eine Indianerin! Du solltest dich an das halten, was dir von Jugend auf bekannt ist!" Und sie fing an, mir Geschichten zu erzählen und die Kraft der weißen Magie, der „guten" Zaubermittel, zu rühmen. Weil sie sich mit Zauberei befaßte, wurde sie auch Powacca genannt, das bedeutet „die mit den beiden Herzen".

Ein mehr freundschaftlicher Kampf entspann sich. Sie versuchte, mich auf den „alten Weg" zurückzuführen und ich war bestrebt, sie für Jesus zu gewinnen.

Als ich eines Tages im Garten jätete, entdeckte ich eine Mokassinschlange, die sich um einen Maisstengel geringelt hatte, nur wenige Zentimeter von meiner Hand entfernt. Zu Tode erschrocken rannte ich ins Haus, holte ein Gewehr und schoß der Schlange in den Kopf. Ich entdeckte noch zwei andere und tötete sie ebenfalls. Als ich mit zitternden Knien ins Haus zurückging, dankte ich Gott, daß er mir die Schlangen gezeigt hatte, bevor sie mich sahen.

Später, als ich der Medizinfrau von den Mokassinschlangen erzählte, schimpfte sie. „Alle Kreaturen sind deine Brüder! Du solltest kein Tier töten, es sei denn, du brauchst das Fleisch zum Essen! Ich wohne neben einer Felswand, in der viele Schlangen hausen. Ich sehe immer Schlangen, aber ich spreche zu ihnen und rufe sie an: ‚Hallo, mein Bruder, laß mich in Frieden!' Der Schlangengott hat mir versprochen, daß mir nie eine Schlange etwas tun würde."

Auf dem Heimweg entdeckte ich eine schwarze Schlange neben unserem Hühnerhaus.

„Hallo, mein Bruder!" rief ich. „Mach dich bereit zum Sterben!" Ich schoß und warf dann einen Blick über die

Schulter, um zu sehen, ob mich die Kräuterfrau beobachtet hatte.

Wir hatten unzählige Diskussionen. Wenn sie von ihrer Astrologie erzählte, sprach ich von Jesus. Keine von uns beiden gab auch nur einen Millimeter nach, und doch freuten wir uns an der Gesellschaft des anderen. Sie war eine höchst beachtenswerte Frau.

Doch an einem regnerischen Frühlingstag fand man die Kräuterfrau tot inmitten ihrer Karten und Sternzeichen, ihrer Kräutersammlung und Kultgegenstände. Sie war am Biß einer Schlange gestorben.

Immer wieder kann man von unwissenden Leuten den Satz hören: „Die Religion der Indianer ist gut – laßt sie doch ihre alten Götter anbeten!" Wie sehr wünschte ich, sie hätten die alte Kräuterfrau gekannt und geliebt wie ich und um ihren qualvollen, sinnlosen Tod gewußt.

Der Schlangengott hat die Kräuterfrau im Stich gelassen.

Die Kräuterfrau

20

Eines Morgens fühlte ich mich unendlich schwach und müde.

„Herr, ich bin so müde", flüsterte ich. „Gib mir Kraft, um durch diesen Tag zu kommen." Ich zwang mich aufzustehen und stand auf wackligen Beinen.

„Herr, ich kann nicht! Ich bin zu müde." Ich fiel aufs Bett zurück. Wenn ich nur noch ein paar Minuten schlafen dürfte – nur eine einzige Minute. „Bitte, laß mich liegen!" flehte ich, aber noch bevor ich mit meinem Gebet fertig war, hörte ich ein feines Stimmchen aus dem Nebenzimmer rufen. „Mami, Mami!"

Tränen rollten über meine Wangen. Ich war so müde, und mein Körper war schwer wie Blei. Nur mit größter Anstrengung konnte ich mich erheben.

In der Nacht vorher mußte ich sechzehnmal aufstehen, meine Buben hatten Ohrenweh und konnten vor Schmerz kaum schlafen. Heute ging es ihnen besser, aber mein Kopf brummte, und mir tat alles weh.

Irgendwie ging auch dieser Morgen vorbei, und ich dankte Gott, als es Zeit war, die Kinder zum Mittagsschläfchen ins Bett zu bringen. Nun konnte ich mich endlich hinlegen und den versäumten Schlaf nachholen.

Auf dem Weg ins Schlafzimmer wurde mir plötzlich schwarz vor Augen. Ich rieb mir die Augen, aber ich konnte nichts sehen. Es war, als ob jemand eine Decke über meinen Kopf gezogen hätte. Ich mußte mir den Weg zum Bett ertasten und legte mich mit geschlossenen Augen hin.

Ich bin nur müde. Ich bin nur müde. Nach einer kurzen

Ruhepause geht es mir wieder besser – dachte ich.

Die Kinder waren ebenso müde wie ich, und als Don abends nach Hause kam, schliefen wir alle drei. Er weckte mich, und als ich endlich die Augen öffnete, schien Don weit entfernt zu sein, am Ausgang eines Tunnels, umgeben von Dunkelheit.

„Ich weiß gar nicht, was mit meinen Augen los ist", klagte ich und rieb sie wieder und wieder. „Ich kann heute gar nicht sehen! Ich glaube, wenn ich wieder einmal richtig schlafen könnte, würde es mir sofort besser gehen."

Don betrachtete meine Augen. „Ich finde nichts Besonderes an ihnen." Er hielt meine Hand fest und bemerkte, daß mein Ehering fehlte. „Wo ist denn dein Ring?"

„Er saß zu lose, deshalb habe ich ihn abgezogen."

Er wühlte im Schrank, bis er die Waage fand, und stellte sie neben dem Bett auf den Boden. „Stell dich drauf!" befahl er.

Ich gehorchte, und er las das Gewicht ab. „Zweiundneunzig Pfund! Du wiegst nur zweiundneunzig Pfund! Wohin sind denn die anderen fünfzehn Pfund verschwunden? Du bist in Erwartung – du solltest zunehmen, nicht abnehmen! Du hast fünfzehn Pfund abgenommen!"

Ich begann zu weinen. Irgend etwas war nicht in Ordnung. Ich nahm ab, ich konnte beinahe nichts mehr sehen und ich war so müde, daß ich am liebsten sterben wollte.

Früh am nächsten Morgen fuhr mich Don zum Arzt, um verschiedene Tests machen zu lassen. Das Resultat war alles andere als befriedigend. Vier Organe funktionierten nicht, wie sie sollten. Ich war blutarm und erschöpft, und mit meinen Blutkörperchen war auch etwas nicht in Ordnung. Trotzdem schien es dem Kindchen unter meinem Herzen gut zu gehen.

Doch einige Untersuchungsergebnisse schienen einander zu widersprechen. Das einzige, was der Arzt sicher feststellen konnte, war, daß mein Körper nicht arbeitete, wie er sollte und daß mein Blutbild schlecht war.

Es gab noch weitere Untersuchungen, Diätkost und Medikamente, aber nichts half. Ich war im sechsten Monat schwanger und wog weniger als fünfzig Kilo. Ich sah aus wie ein Skelett und hatte tiefe, schwarze Ringe unter den Augen. Inbrünstig betete ich für mein Kind, daß es gesund und normal zur Welt kommen möge.

Ein Arzt schlug vor, die Schwangerschaft zu unterbrechen. Ich nannte ihn einen Mörder, rannte ihm davon und weigerte mich, je wieder zu ihm zu gehen.

Ein anderer Arzt äußerte den Verdacht auf Leukämie, aber die Laboruntersuchungen gaben kein eindeutiges Bild. Jeden fünften Tag mußte ich zu einer Blutuntersuchung ins Krankenhaus. Der Doktor schlug Bluttransfusionen vor, aber ich lehnte ab, weil ich fürchtete, es könne dem Kind schaden.

Don übernahm mehr und mehr Haushaltarbeiten. Er kochte und putzte, und ich versuchte, mich so viel wie möglich um unsere beiden Jungen zu kümmern, aber oft konnte ich nichts anderes für sie tun, als sie auf den Schoß nehmen und ihnen Geschichten erzählen. Meine Augen waren so schlecht geworden, daß ich kaum noch lesen konnte. Oft sah ich doppelt, und manchmal schien alles um mich her so dunkel, daß ich alle Lichter andrehte in der Hoffnung, besser sehen zu können.

Manchmal fühlte ich mich so schwach, daß ich überzeugt war, ich müsse sterben. Ich war bei so vielen Ärzten gewesen, daß ich mich nicht einmal mehr an ihre Namen erinnerte, aber sie alle sagten, daß mit meinem Blut etwas nicht in Ordnung war. Keiner fand heraus, was es war oder woher es kam. Doch alle waren sich darin einig, daß die Sache ernst war.

Ich weinte. Ich betete. Ich besuchte Gottesdienste in verschiedenen Kirchen, die Krankenheilungen versprachen. Alles umsonst. Im Gegenteil, es wurde immer schlimmer mit mir.

Ich ging zu einem Rechtsanwalt und machte mein Testament, damit Don keine Schwierigkeiten bekam, falls ich sterben sollte. Ich notierte die Lieder und Bibelstellen, die ich für mein Begräbnis wünschte. Ich ordnete meine Sachen, so gut ich es verstand, und immer wieder fragte ich Gott: „Was geschieht bloß mit meinen Kindern?"

Ich schrieb lange Briefe an Kleine Antilope und Verlorener Hirsch und legte sie in ihre Bilderbücher. Sie mußten wissen, daß ich sie von ganzem Herzen liebte und nicht verlassen wollte. Ich bat sie, ihrem Vater zu gehorchen und Jesus nachzufolgen. Es war sehr schwierig, die Lehren eines ganzen Lebens auf ein paar Briefseiten festzuhalten.

Ich bat Don, wieder zu heiraten, sobald er eine gläubige Frau gefunden habe, die ihn und die Kinder liebte. Immer und immer wieder betonte ich, daß sie aber eine überzeugte Christin sein müsse.

Ich hatte mir stets Sorgen gemacht, meine Kinder zu verlieren. Es war mir nie im Traum eingefallen, daß ich vor ihnen sterben könnte. Nun aber hatte es den Anschein, als sei meine Lebensuhr abgelaufen.

Ich weinte um all die Monate und Jahre, die ich nun nicht mehr neben ihren Betten sitzen konnte, um ihnen Geschichten zu erzählen, ihre Gebete zu hören und sie in den Schlaf zu wiegen. Mit Schmerzen dachte ich an die Tage, da sie krank sein würden und keine Mutter da war, um sie zu trösten. Ich dachte an all die Spiele, die wir nie miteinander spielen konnten, an die Spaziergänge durch herbstliche Wälder, die nie stattfinden und an die vielen Weihnachtsfeste, die wir nie miteinander feiern würden. Es war mehr, als ich ertragen konnte. Ich hatte keine Angst vor dem Sterben, denn ich wußte, daß ich Jesus als meinen Heiland angenommen und er mir ewiges Leben geschenkt hatte. Wenn ich starb, ging ich in den Himmel, um für immer bei Jesus zu sein. Aber ich litt um meine Kinder, die Waisen sein würden. Und was geschah mit dem Ungeborenen, das ich unter dem Herzen trug? Würde ich lange genug durchhalten, um ihm das Leben zu schenken, oder mußte es mit mir sterben?

„O Gott, laß mich lang genug leben, um meine Kinder aufzuziehen! Laß mich nur so lange hier auf dieser Erde, bis sie erwachsen sind!" Das war ein unmögliches Gebet. Meine Kinder waren so klein, daß ich wenigstens noch zwanzig Jahre leben mußte, bis sie auf eigenen Füßen stehen konnten. Und die Ärzte befürchteten, daß ich nicht einmal mehr so lange zu leben hatte, bis mein drittes Kind geboren war!

Don schlich wie ein Greis durchs Haus. Er war schweigsam geworden, und er ging nicht mehr stolz und aufrecht einher. Seine Augen waren glanzlos und traurig, und er hatte das Lächeln verlernt.

Ich versuchte, tapfer zu sein. Und doch kam es vor, daß ich mich nächtelang in Dons Armen in den Schlaf weinte.

Ich erinnerte mich an die einsamen Tage, bevor ich Don kennenlernte. Ich dachte an die Zeit, da ich mit Selbstmordgedanken gespielt hatte, weil ich das Leben nicht lebenswert fand. Nun war das Leben reich und schön. Jetzt, da ich von ganzem Herzen leben wollte, mußte ich sterben.

Ich begann, ein Tagebuch zu führen, damit den Kindern eine Erinnerung an mich blieb. Sie mußten wissen, daß ich sie von ganzem Herzen geliebt hatte!

Überall beteten Freunde für mich. Regelmäßig wurden meine Blutuntersuchungen fortgesetzt – alle fünf Tage ein neuer Test. Ich tat alles, was die Ärzte mir befahlen – ausgenommen, es schadete meinem Kind. Ich würde nie das Kind opfern, nur damit ich am Leben bleiben konnte.

Im neunten Monat nahm ich ein wenig zu, und nun war

auch mehr Hoffnung für das Kind. Aber mein rechtes Bein war jetzt gelähmt, und ich mußte auf Krücken gehen.

Als endlich der Tag kam, an dem ich ins Krankenhaus mußte, war ich überzeugt davon, daß ich meine Familie nie wiedersehen werde. Gott hatte mich so lange am Leben erhalten, bis das Kind auf der Welt war. Nun aber war meine Lebensuhr abgelaufen.

Schneewolke, unser dritter Sohn, wurde an einem Sonntag im Januar geboren. Wie glücklich waren wir, daß er gesund und normal zur Welt kam, wenn er auch nur sechs Pfund wog.

Wenige Minuten nach der Geburt fühlte ich, wie in mein gelähmtes Bein das Leben zurückkehrte. Die Schmerzen im Rücken waren verschwunden. Ich hatte Hunger, und eine halbe Stunde nach der Entbindung aß ich mein Abendbrot. Während der nächsten paar Tage im Krankenhaus mußte ich beinahe ununterbrochen essen. Mein Augenlicht war wieder zurückgekehrt, und noch nie hatte ich mich so stark gefühlt wie jetzt.

Der Arzt stellte fest, daß es mir besser ging, aber er wollte nichts Genaues sagen, bevor er mich nicht gründlich untersucht hatte.

Als ich wieder daheim war, konnte ich nicht genug zu essen bekommen. Während der nächsten beiden Wochen aß ich mindestens sechsmal pro Tag. Einen Monat später mußte ich wieder zum Arzt zur Kontrolle. Schneewolke war zwar klein, aber kerngesund. Meine letzten Blutuntersuchungen waren in Ordnung, nur der Blutzuckergehalt war niedrig. Die merkwürdigen, unförmigen Blutkörperchen, die sich während der letzten sechs Monate bei jeder Untersuchung gezeigt hatten, waren verschwunden!

Der Arzt lächelte und sagte: „Ich weiß nicht, was passiert ist. Sie sind sehr krank gewesen. Ich habe nie herausgefunden, was Ihnen wirklich gefehlt hat, und jetzt habe ich keine Ahnung, weshalb Sie wieder gesund sind! Ich möchte alle sechs Monate eine Blutprobe von Ihnen, aber soweit ich es beurteilen kann, sind Sie wieder kerngesund. Sie werden bestimmt lange genug leben, um Ihre Enkelkinder zu sehen!"

Die Tests wurden gemacht, aber nichts Krankhaftes zeigte sich mehr. Der Arzt hat nie herausgefunden, woher meine Krankheit kam noch weshalb sie wieder verschwunden ist. Auch ich kann keine Antwort auf diese Fragen geben, aber ich bin sicher, daß das Gebet die Antwort auf die zweite Frage ist.

Das Leben bekam neuen Glanz für mich – jetzt, da ich wußte, wie zerbrechlich es ist.

21

Ich war mit meinen drei Buben so sehr beschäftigt, daß ich mich von der ganzen übrigen Welt absonderte. Während sechs Monaten sah und sprach ich mit niemand anderem als mit Don und den Kindern.

„Möchtest du nicht einmal eine andere Frau einladen? Oder eine Nachbarin besuchen? Du hast doch sicher das Bedürfnis, wieder mal mit jemandem zu plaudern?" fragte Don eines Tages.

Ich zuckte die Achseln. „Wieso? Ich bin glücklich mit meiner Familie, in meinen vier Wänden. Ich brauche sonst niemanden."

„Ich glaube aber doch, daß es gut für dich wäre, einmal auszugehen und andere Menschen zu sehen. Morgen nimmst du die Kinder und den Wagen und fährst in die Stadt, um Einkäufe zu machen."

„Aber du bringst doch alles, was wir zum Leben brauchen! Und wenn ich einmal etwas für mich haben muß, kann ich es durch ein Versandgeschäft kommen lassen! Ich will nicht in die Stadt fahren!" Ich hatte das Gefühl, daß sich Don um meine Einwände gar nicht kümmerte und mit seinem Vorschlag einen bestimmten Zweck verfolgte.

„Es wird dir gefallen! Mach dir ja keine Sorgen! Fahr einfach in die Stadt und bring Schneewolke in die Klinik für seine übliche Untersuchung. Dann kaufst du noch ein, was du brauchst, und fährst wieder nach Hause. Was sollte schon passieren?"

In dieser Nacht konnte ich kaum schlafen. Ich sorgte mich um alles mögliche, das geschehen könnte – Reifenpannen, Zusammenstöße, die Orientierung verlieren – das waren die harmlosesten Pannen, die ich erwartete.

„Keine Angst, du wirst es schon schaffen!" ermutigte mich mein Mann am nächsten Morgen, als er mir die Autoschlüssel in die Hand drückte und die Tür hinter mir zuwarf.

„Ich möchte doch lieber, daß du fährst", bat ich. „Was soll ich machen, wenn etwas schief geht?"

„Was sollte schon schiefgehen? Du mußt ja nur ein paar Lebensmittel kaufen, zum Arzt und dann nach Hause fahren. Da kann doch gar nichts passieren!"

„Wahrscheinlich hast du recht." Ich ließ den Motor an und fuhr weg. Es war das erstemal seit Schneewolkes Geburt, daß ich mit den Kindern allein ausfuhr. Ich war gar nicht so überzeugt davon, daß ich alle drei beaufsichtigen konnte, wenn ich den Wagen lenkte und Einkäufe machte. Aber ich lächelte vor mich hin. Don hatte recht. Was sollte schon passieren?

Als ich in die Stadt kam, sah ich ein Schild mit der Aufschrift „Automatische Waschanlage" und beschloß, Don mit einem sauber gewaschenen Wagen zu überraschen. Ich hatte zwar noch nie den Wagen gewaschen, aber ich hatte Don dabei beobachtet. Es sah ganz leicht aus.

Ich fuhr in die Waschstraße. Als der Wagen den Randstein berührte, ertönte ein kurzes Hupsignal. Ich stieg aus, nahm den Schlauch zur Hand und steckte die Münze in den Geldautomat. Dann spritzte ich den Wagen ab, während die Buben vergnügt im Auto saßen und auf dem Rücksitz hin und her hopsten. Im gleichen Augenblick entdeckte ich, daß die Fenster offen waren. Ein heftiger Strahl aus Wasser und Seife ergoß sich ins Wageninnere und über die Kinder.

„Macht die Fenster zu!" schrie ich und lenkte den Wasserstrahl dorthin, wo er hingehörte.

„Ich kann nicht!" schrie Kleine Antilope. „Der Knopf ist voller Seife!"

Als ich durchs Fenster griff, um ihm zu helfen, machte

sich die Wasserschlange selbständig und verwandelte sich in ein wildes Ungeheuer, das unseren Wagen zu demolieren drohte.

Bäng! Bäng! Bäng! Sie flog durch die Luft und hämmerte auf das Dach des Wagens. Ich rannte ums Auto und versuchte, das Ungetüm zu fangen. Vergeblich! Sie drehte sich so wild im Kreise, daß ich nicht einmal in die Nähe kam. Ich sprang ins Auto und fuhr im Eiltempo davon, bevor die wunderbare Waschanlage die Windschutzscheibe zertrümmern konnte. Den Monsterdreschflegel überließ ich seinem Schicksal, und er rächte sich, indem er zornig gegen die Wand schlug und Wasser und Seife in alle vier Himmelsrichtungen verspritzte. Man konnte den Radau bis über den nächsten Häuserblock hinweg hören. Ich fragte mich, wie lange es dauerte, bis die eingeworfene Münze ihre Pflicht erfüllt hatte.

Ob Don wohl merkte, daß die eine Hälfte des Wagens gewaschen war? Ich hoffte inbrünstig, daß die Kleider der Jungen und meine eigenen trocknen würden, bevor wir einkaufen gingen.

Der Gang durch den Laden verlief ziemlich ereignislos, wenn man davon absah, daß vierzehn Krautköpfe davonkugelten, nachdem Kleine Antilope den untersten von ihnen aus dem Regal gezogen hatte.

Nun mußte ich nur noch Schneewolke in die Klinik bringen, dann konnten wir uns auf den Heimweg machen.

Das Wartezimmer war überfüllt, jeder Stuhl besetzt. Ich lehnte mich an die Wand mit Wolke im Arm, während Antilope und Hirsch den fremden Raum inspizierten. Bald hatten sie die Aufmerksamkeit aller Anwesenden auf sich gezogen und waren emsig damit beschäftigt, neue Bekanntschaften zu schließen.

Eine Dame mit einem blütenweißen Schal auf den Knien zog Antilope ins Gespräch. Plötzlich, ohne Vorwarnung, ergriff er das zarte Gebilde und schneuzte sich hinein. Dann rannte er davon, Hirsch hinterdrein.

Ich schickte ein Stoßgebet zum Himmel und bat Gott, die Dame nicht in Ohnmacht fallen zu lassen, bevor ich zu der Entsetzten hinüberlief. Ich entschuldigte mich und erklärte, daß ich selbstverständlich die Reinigungskosten übernehmen werde. Sie lehnte ab und murmelte vor sich hin, daß sie nie wieder einem Kind raten wolle, ein Taschentuch zu benützen!

Ein gellender Schrei von nebenan lenkte die Aufmerksamkeit aller auf das Zimmer, in dem Notfälle behandelt wurden. Die Schwester verließ eiligst ihren Schreibtisch und rannte ins Nebenzimmer. Die Frau neben mir vermutete, daß ein Kind behandelt wurde, das von einem Auto angefahren worden sei.

Das Geschrei nebenan wurde noch lauter.

„Furchtbar! Weshalb machen die denn nichts, um die Schmerzen des armen Kleinen zu lindern!" seufzte eine andere Frau.

Ich hielt Ausschau nach meinen beiden Buben. Sie waren nirgends zu sehen. Ich lief den langen Gang hinunter, um sie zu suchen. Als ich beim Notfallzimmer vorbeiging, erkannte ich die Ursache des Geschreis. Hirsch und Antilope rannten um den Untersuchungstisch herum, und eine Schwester und ein Arzt jagten hinterdrein.

Ich stürzte hinein, packte die beiden am Kragen und stieß sie auf den nächsten Stuhl, ohne meinen harten Griff zu lockern.

„Das sind die flinksten Bengel, die mir je unter die Augen gekommen sind", schnaufte der Doktor. „Eigentlich sind noch zwei andere Patienten vor Ihnen, aber ich glaube, es ist besser, Sie sofort dranzunehmen!"

Nach kurzer Untersuchung erklärte er mir, daß Wolke vollkommen gesund sei, und daß wir erst ein Jahr später wiederkommen müßten. Erleichtert packte ich die drei ins Auto und machte mich auf den Heimweg.

Ein großer, schwarzer Wagen fuhr vor mir. Plötzlich gerieten die Räder meines Autos in ein Loch und der Wagen sackte ab. Die Hupe brüllte auf. Sie war festgeklemmt! Ich hämmerte mit aller Wucht auf sie ein und hoffte, das schreiende Ding zum Schweigen bringen zu können. Vergeblich. Als ich endlich den Kopf hob, erkannte ich, daß der schwarze Wagen vor mir ein Leichenwagen war!

Ich wollte rückwärts ausweichen, aber der Lenker hinter mir winkte mir, weiterzufahren. Der Weg war zu schmal und zu morastig, um überholen oder ausweichen zu können. Ich wäre unweigerlich steckengeblieben. So blieb mir nichts anderes übrig, als dem Leichenwagen mit gellender Hupe zu folgen. Kilometerlang fuhren wir hintereinander her – der Leichenwagen, ich und meine Hupe, und zuletzt der Lastwagen.

Endlich wurde die Straße breit genug zum Überholen, und ich konnte den Leichenwagen ohne Begleitmusik ziehen lassen. Ich stieg aus, um herauszufinden, wie ich dem Lärm ein Ende machen könnte.

Auch der Lastwagen hielt, und der Fahrer schlenderte zu mir herüber. „Weshalb hupen Sie denn dauernd hinter dem Leichenwagen her?" brüllte er mir zu.

„Eine alte Indianergewohnheit, um die bösen Geister fernzuhalten!" schrie ich zurück. „Wissen Sie etwa, wie man das Ding hier abstellen kann?"

Wenige Minuten später fuhr ich in aller Ruhe nach Hause.

Als ich in den Hof fuhr, kam Don zum Wagen und half mir, die Einkaufstaschen auszuladen. „Alles gut gegangen? Nichts passiert?" fragte er und griff nach den Taschen.

„Nein. Gar nichts passiert", gab ich zur Antwort und folgte ihm ins Haus. „Überhaupt – was hätte denn schon schiefgehen können?"

Ich liebte meine drei Söhne, aber Don und ich hätten noch gern ein Mädchen gehabt. So betete ich um ein weiteres Kind und fühlte, daß Gott mich durchtragen würde.

Als Schneewolke sechs Monate zählte, meldete sich ein weiteres Kindchen an. Diesmal war ich gesund, es gab keinerlei Probleme. Von Anfang an war ich überzeugt, daß es eine Tochter war, und ich kaufte nur rosarote Babysachen ein.

Das neue Kind

Ein kleines Kindchen wird erwartet,
ein kleines Kind, das Mutters Ruhe stört.
Der Papa aber lächelt nur und meint:
„Gut so, wir freuen uns darüber!"
Zwei kleine Buben rennen durch die Tür,
ein Kind liegt in der Wiege,
ein andres kriecht umher.
Vier kleine Kinder, das älteste knapp vier –
Weil wir so reich an Kindern,
können niemals arm wir sein!

22

„Du wirst doch nicht schon wieder guter Hoffnung sein!" Meine Freundin betrachtete mich und schüttelte den Kopf. „Vier Kinder in vier Jahren? Hast du noch nie etwas von Familienplanung gehört?"

„Natürlich hab ich davon gehört! Ich hab eine Familie geplant, und nun hab ich eine", gab ich zur Antwort.

Sie lachte. „Du mußt verrückt sein!"

Ich war wütend und konnte nur mit Mühe die Tränen zurückhalten. Mit einer einzigen gedankenlosen Bemerkung hatte sie mir den Tag verdorben und die Freude geraubt, die das Erwarten eines Kindes mit sich bringt.

Weshalb sehen manche Leute es als Nachteil an, ein Kind zu bekommen? Irgend etwas stimmt doch nicht, wenn man ein Kind als Last und nicht als Segen empfindet. Warum gibt es Mütter, die glauben, sich entschuldigen zu müssen, weil sie Kinder kriegen und ihre Familie liebhaben? Weshalb wird so oft Druck ausgeübt, daß die meisten Frauen es vorziehen, berufstätig zu sein und Karriere zu machen, anstatt sich ihrer Familie zu widmen? Weshalb kann Mutterschaft nicht die höchste Karriere für eine Frau sein?

Ich war immer noch verärgert, als ich eine Stunde später meine Wäsche aufhängte. „Ich versteh das nicht! Ich kann das überhaupt nicht begreifen!" brummte ich vor mich hin. Ich wußte, daß mein Ärger unberechtigt war, aber ich kam mir vor wie eine Bärin, die ihre Jungen verteidigt.

Meine Freundin war auf Stellungssuche. In Gedanken schrieb ich eine fingierte Anzeige in einer Zeitung, die gar nicht existierte. Eine Anzeige, auf die sie niemals antworten würde:

„Gesucht wird attraktive, gepflegte Dame mit guter Schulbildung und angenehmen Umgangsformen. Sie sollte stets freundlich und guter Laune sein, bereitwillig vierundzwanzig Stunden pro Tag arbeiten und keinerlei Ansprüche an Gehalt, Ferien oder Krankheitsurlaub stellen. Sie muß Fußböden schrubben, delikate Mahlzeiten zubereiten, das Haus in Ordnung halten, waschen, bügeln und schwere Reinigungsarbeiten auf sich nehmen. Sie muß imstande sein, die Mark sechsmal umzudrehen, bevor sie sie ausgibt, und dasselbe Kleid fünf Jahre lang zu tragen, ohne daß es abgetragen wirkt. Sie muß genug Zeit finden, um Gute-Nacht-Geschichten vorzulesen, Tränen zu trocknen, einen aufgeschlagenen Ellenbogen zu verbinden, Kuchen zu backen und mit kleinen Kindern zu spielen. Sie muß eine echte Partnerin für den Ehemann sein und außerdem die Stelle einer Geliebten, Freundin, Buchhalterin, Krankenschwester, Putzfrau und Gärtnerin versehen können. Gesucht wird: eine Mutter!"

Mein Zorn war verraucht. Ich bedauerte meine Freundin, die den reichen Aufgabenkreis einer Mutter nicht kannte. Als ich ins Haus ging, rief ich meine Buben: „Kommt herein, es gibt Milch und Kuchen!"

Begeistert gehorchten sie, rannten wie die Wilden herzu und schlugen beinahe die Tür ein. Sie schlangen ihre runden, schmutzigen Arme um meinen Hals. Ich verlor das Gleichgewicht, und wir stürzten alle vier lachend und schreiend zu Boden.

„Mami, wir haben dich lieb!" riefen sie und drängten sich um den Tisch.

Meine Kinder! Immer ein Segen, nie eine Last!

Das Kind, das ich unter meinem Herzen trug, strampelte. Ich danke dir, o Gott, für meine Kinder!

Seit drei Stunden gab das Radio Sturmwarnung durch. Um Mitternacht brach dann der Sturm los. Er heulte ums

Haus, die Fensterscheiben des Schlafzimmers splitterten, und der Regen ergoß sich übers Bett. Ich stopfte ein Kissen in das Fensterloch und setzte mich auf den Bettrand. Mein viertes Kind war unterwegs. Don würde noch lange nicht nach Hause kommen, und ich wußte, daß ich unmöglich auf ihn warten konnte.

Wir hatten kein Telefon, und das Auto war mit Don unterwegs. Unser nächster Nachbar war etwa zwei Kilometer entfernt. Ich weckte meine drei Buben, zog ihnen die Schuhe an und die Mäntel über ihre Pyjamas. Sie waren ganz verschlafen. Schneewolke ließ alle Glieder hängen. Ich nahm ihn auf den Arm und drückte Antilope die Taschenlampe in die Hand. Hirsch nahm ich an der Hand, und so zogen wir gemeinsam los, um Hilfe zu holen.

Antilope zündete mit seiner Lampe überallhin, nur nicht auf den Weg. Die Blitze, die über den Himmel zuckten, gaben mehr Licht als das wandernde Lämpchen. Bis auf die Haut durchnäßt, kamen wir beim Nachbarn an.

Ich polterte an die Tür und schrie aus Leibeskräften. Wenig später öffnete ein schlaftrunkener Mann.

„Darf ich Ihr Telefon benützen? Ich muß dringend meinen Mann anrufen!" bat ich und schubste die drei Kleinen ins Haus.

Ich rief die Plantage an, auf der Don arbeitete, und der Nachtwächter versprach, meinen Mann zu benachrichtigen.

„Ich würde Ihnen gern helfen, aber mein Wagen ist kaputt", meinte der Nachbar und gähnte.

„Schon gut! Danke, daß ich das Telefon benützen durfte", nickte ich. Mir blieb nichts anderes übrig, als mit den Kindern wieder in die kalte, stürmische Nacht hinauszugehen. Der Heimweg war bedeutend länger, denn in meinen Armen trug ich Wolke, auf dem Rücken Hirsch, und das vierte Kindchen erinnerte mich fortwährend daran, daß es uns bald Gesellschaft leisten würde.

Als wir endlich wieder daheim waren, zog ich allen dreien trockene Sachen an, und auch ich mußte mich von Kopf bis Fuß umziehen. Dann raffte ich einige Decken und Kissen zusammen, um für die Kinder im Auto ein Bett zu machen. Die Fahrt zum Krankenhaus war immerhin 100 Kilometer, und die Kinder konnten währenddessen auf dem Rücksitz schlafen.

Gewöhnlich brauchte mein Mann eine Stunde, um vom Arbeitsplatz nach Hause zu kommen, aber diesmal schaffte er es trotz des Regens in 20 Minuten. Als wir die Kinder ins Auto packten, sagte er: „Der Sturm hat die Brücke bei Twin Oaks weggerissen. Wir müssen den Umweg über Spring Creek machen und durch die Berge fahren."

„Das schaff ich nie!" stöhnte ich mit zusammengebissenen Zähnen.

„Natürlich schaffst du es!" tröstete er, als wir mit quietschenden Reifen losfuhren.

Während dieser Fahrt überquerten wir riesige Wasserlachen, die bis zu den Stoßstangen kamen, glitschigen Schlamm und rasten durch enge, gewundene Straßen. Wir überfuhren die Staatsgrenze und landeten mit quietschenden Bremsen vor der Klinik in Siloam Springs, Arkansas.

Als mein Mann sich im Kreißsaal von mir verabschiedete, um nach den Buben zu sehen, die im Wartezimmer schliefen, wartete ich auf ein paar Worte, die mich aufmuntern sollten, etwa: „Ich liebe dich", oder „Ich will für dich beten." Stattdessen warf er mir, die ich mir in die Lippen biß und die Fäuste vor Schmerz zusammenpreßte, einen Blick zu und rief: „Alles Gute, mein Liebes!"

Kurze Zeit später wurde unsere Tochter geboren, und ihr Name stand bereits fest. Sie hieß Frühlingssturm.

Die rundliche Krankenschwester legte mir mein schönes, neugeborenes Mädchen in die Arme. Es war erst wenige Stunden alt, und ich drückte es vorsichtig an meine Brust, die vor Glück zu zerspringen drohte.

Ich blickte auf und sah, wie die Schwester mich beobachtete, als ich meine Kleine stillte.

„Haben Sie auch Kinder?" fragte ich.

„Ja, ich hatte eine Tochter – aber ich hab' sie verloren", gab sie zur Antwort.

„Oh, das tut mir aber leid!"

„Nein, sie ist nicht gestorben. Ich hab sie einfach verloren. Ich war so glücklich, als sie zur Welt kam! Aber wir hatten Schulden, und als sie sechs Monate alt war, hab ich eine Halbtagsstelle angenommen – nur für wenige Monate, um verschiedene Rechnungen zu bezahlen. Die Halbtagsstelle wurde zur Ganztagsstelle, und die paar Monate haben sich in viele Jahre verwandelt. Heute ist sie achtzehn, heiratet diese Woche – und ich kenne sie gar nicht mehr. Wir sind Fremde füreinander, und nun ist sie gegangen. Als sie klein war, bat sie mich, ihr Gute-Nacht-Geschichten vorzulesen, aber ich war zu müde oder zu beschäftigt, und ich kam nie dazu. Ich habe sie immer auf morgen vertröstet, aber dieses Morgen ist nie gekommen. Wissen Sie, ich könnte Ihnen nicht ein einziges Stück zeigen, das ich mir von meinem Verdienst gekauft hätte. Ich hätte gar nicht arbeiten müssen! Wir hätten es auch ohne mein kleines Einkommen geschafft. Ich habe mich selbst und meine Tochter betrogen, und nichts auf der Welt kann mir mein kleines Mädchen zurückgeben." Sie wischte sich die Augen.

Mein Kind war eingeschlafen, und die Schwester nahm es sachte auf, um es zurück in die Säuglingsabteilung zu bringen.

„Sie haben ein schönes Kind! Verlieren Sie es nur ja nicht!" sagte sie leise.

„Nein, niemals!" gab ich zurück. Diese Frau tat mir unendlich leid. Als ich mich hinlegte, versprach ich mir selbst, meinem Kind unzählige Gute-Nacht-Geschichten vorzulesen, um das wettzumachen, was jene Mutter versäumt hatte, die zu beschäftigt gewesen war, um ihrem Kind etwas vorzulesen.

Als wir Frühlingssturm nach Hause brachten, sagte Don: „Du hast nun innerhalb von vier Jahren vier Kinder in vier verschiedenen Staaten geboren. Ich hab ja nichts dagegen, daß du von überall, wo du warst, ein Andenken mitbringst – aber könntest du nicht mal wie andere Frauen Teller oder Salzstreuer sammeln?"

Für Frühlingssturm

Jesus, mein Hirte, behüte mein kleines Bett,
schick einen Engel, der im Schlafe bei mir steht.
Mama und Papa und die Brüder behüte du,
gib ihnen heute Nacht eine süße Ruh.
Bewahre und beschütz uns allzugleich
und führ uns in dein ewiges Himmelreich. Amen.

Das Leben bei uns wurde nun höchst abwechslungsreich. Der Tag hatte nicht genug Stunden, um auch nur die Hälfte dessen zu tun, was getan werden mußte.

Ich hatte soeben den Tisch für das Abendessen gedeckt und warf einen Blick aus dem Fenster. Die Enten marschierten zum Teich! Ich seufzte. Wie kommen die Enten aus dem Hühnerhof? Wahrscheinlich hatte ich vergessen, die Tür zu schließen, nachdem ich sie gefüttert hatte. Ich mußte sie zurückjagen. Es war beinahe dunkel, und wenn ich sie die ganze Nacht draußen ließ, würde der Fuchs sie unweigerlich töten.

Kleine Antilope und Hirsch spielten eifrig mit ihren Bausteinen, und die beiden Kleinen lagen in der Wiege. Leise verschwand ich durch die Küchentür und rannte zum Teich. Sobald mich die Enten erblickten, flatterten sie quakend davon, jede in eine andere Richtung. Zweimal

Meine Kinder und ich

jagte ich sie um den ganzen Teich, bis ich sie endlich im hohen Gras in die Enge getrieben hatte. Ich packte zwei und trug sie in den Hühnerhof. Sorgfältig schloß ich hinter ihnen ab. Als ich hinter den beiden anderen herlief, war es beinahe dunkel geworden. Ich hoffte, daß die beiden Buben unterdessen nichts Dummes angestellt hatten. Die Entenjagd hatte länger gedauert, als ich erwartet hatte. Endlich erwischte ich auch die letzten zwei und sperrte sie in ihre Behausung.

Ungewöhnliche Stille empfing mich, als ich in die Küche trat. Das glich den Buben so gar nicht! Schnell lief ich ins Wohnzimmer.

Die Blutflecken, die ich entdeckte, ließen Schlimmes befürchten. Die Knie zitterten mir, und ich sank wie gelähmt zu Boden.

Mit weit offenen Augen stand Antilope neben dem Diwan. Seine kleine Hand umklammerte ein Küchenmesser. Um seinen Mund waren Blutspuren, und sein Hemd war mit Blut durchdrängt, als ob sein Bauch aufgeschlitzt worden wäre. Das Blut zu seinen Füßen bildete eine große Lache. Hirsch saß auf dem Boden, ebenfalls mit Blut befleckt.

„O Gott, laß sie nicht sterben!" Ich wollte aufstehen, aber ich konnte mich nicht bewegen. Mein Herz hatte ausgesetzt. Während ich die blöden Enten jagte, hatten meine Buben mit Küchenmessern gespielt und sich ernsthaft verletzt. Ich wußte, daß Antilope bei dem großen Blutverlust, den er erlitten, gar nicht am Leben bleiben konnte!

Aus Leibeskräften begann ich zu schreien: „Don! Don! Don!"

Ich hatte gesehen, wie er unten am Berg die Kaninchen fütterte. Er konnte mich nie hören, er war viel zu weit weg! Aber ich hatte meine Stimme unterschätzt. Augenblicklich hastete er herein, ganz außer Atem.

Ich zeigte auf Antilope. „Er hat sich den Bauch aufgeschlitzt! Er stirbt!"

Don rannte zu ihm. „Wenn ich die Arterie abbinden kann, damit er endlich zu bluten aufhört, können wir ihn ins Krankenhaus bringen!" Er drückte seinen Finger auf Antilopes Brust und fragte: „Weshalb schreit er denn nicht?"

„Er hat einen Schock!" gab ich zur Antwort. Mühsam richtete ich mich auf, aber meine Füße trugen mich noch nicht. „Er stirbt!" schluchzte ich.

Don zog die Hand zurück, sah seine Finger an und begann, sie zu reiben. Wieder berührte er Antilopes Hemd und schnüffelte an dem roten Zeug an seiner Hand.

„Das ist doch gar nicht Blut!" rief er und schaute umher. Dann bückte er sich, um etwas aufzuheben, das neben dem Diwan stand, und hielt es hoch, um es mir zu zeigen.

„Das ist kein Blut! Antilope hat sich mit Erdbeermarmelade verschmiert!" Er nahm das Messer aus der Hand des Jungen und steckte es klirrend ins leere Glas.

Tränen der Erleichterung stürzten mir aus den Augen, als ich entdeckte, daß der rote Blutfleck tatsächlich aus Erdbeermarmelade bestand. Während ich die Enten gejagt hatte, war Antilope auf den Tisch gekrochen und hatte sich und seinen Bruder mit dem Messer „gefüttert".

Erschöpft sanken Don und ich auf den Diwan. Es machte uns nichts aus, daß wir auch noch von der roten Marmelade abbekamen. Wir brachen in schallendes Gelächter aus und konnten gar nicht aufhören – aus Freude über unseren Sohn, den wir verloren glaubten, und der wohlbehalten und quicklebendig vor uns stand.

Antilope und Hirsch saßen auf dem Fußboden und wunderten sich über ihre Eltern, die lachten, bis ihnen die Bauchmuskeln weh taten.

Ich begann aufzuräumen, und als ich die Kleider der Buben in die Waschmaschine stopfte, betrachtete ich die beiden noch einmal. Wie gut war alles abgelaufen! Es hätte wirklich Blut fließen können. Das Messer war scharf genug, und ich war viel zu lange draußen geblieben. Der Alptraum hätte Wirklichkeit werden können. Aber, dem Herrn sei gedankt, daß sich die schreckliche Tragödie in eine Komödie verwandelt hatte, die wir später unseren Kindern erzählen wollten, wenn sie älter waren. Sie würden wohl immer wieder bitten: „Mami, bitte erzähl uns noch einmal von jener Nacht, als du dachtest, wir hätten uns umgebracht!"

„Danke, o Gott! Danke!" betete ich, als ich ein Bleichmittel in die Maschine gab. „Danke, daß du meine Kinder beschützt hast, als ich versuchte, ein paar dumme Enten zu retten!"

23

„Etwas Interessantes dabei?" fragte Don, als er den Stapel Rechnungen sah.

„Pastor McPherson hat eine Karte geschrieben. Er wollte wissen, wann ich mein Buch schreibe", lachte ich.

Don hob den Kopf. Er war gerade mit der Stromrechnung beschäftigt.

„Ein alter Scherz von ihm! Er will mir immer einreden, ich solle ein Buch darüber schreiben, was es heißt, eine Indianerin zu sein", gab ich zur Antwort.

„Gute Idee! Weshalb eigentlich nicht?" fragte Don.

„Ich hab doch keine Ahnung, wie man ein Buch schreibt", erklärte ich achselzuckend.

„Keine Ahnung? Du hast doch Tausende von Büchern gelesen! Du weißt doch, was sich gut liest und was nicht. Ich glaube, du solltest es tun. Es könnte den Indianern eine Hilfe sein – und vielleicht auch den Weißen."

„Glaubst du wirklich, daß ich dazu imstande wäre?" fragte ich zweifelnd. „Ich wünschte wirklich, den Leuten klarzumachen, was es bedeutet, ein Indianer zu sein."

„Du kannst es, wenn du es wirklich willst. Bitte doch Gott um seine Hilfe!" sagte er und vertiefte sich wieder in seine Rechnungen.

Vielleicht war es doch nicht nur ein Scherz? Vielleicht konnte ich wirklich ein Buch schreiben! Vielleicht könnte ich morgen damit beginnen.

Am anderen Morgen fielen mir Pastor McPhersons Worte wieder ein. „Wann werden Sie mit Ihrem Buch beginnen?"

Ich schaute aus dem Fenster. Der Wind pfiff ums Haus, und es war kalt.

„Heute!" sagte ich laut. „Heute fang ich an mit meinem Buch!"

Ich eilte zum Schrank und suchte nach der alten Schreibmaschine, die eine Freundin vor Jahren weggeworfen hatte. Ich hatte sie aus ihrem Müll gefischt und mit ihrer Zustimmung stolz nach Hause getragen. Ich kramte unter alten Stiefeln, Weihnachtsschmuck und diversen Masken, bis ich sie fand. Die Typen waren dick mit Staub bedeckt, und das Farbband fehlte, aber das störte mich nicht. Glückselig schleppte ich meinen Schatz in die Küche und stellte ihn liebevoll auf den Tisch.

Voller Eifer fuhr ich in die Stadt und kaufte ein Farbband, Kohlepapier und einen Karton mit zweitausend Blatt Schreibmaschinenpapier.

Sorgfältig ordnete ich meine Utensilien auf dem Tisch und schaute auf die Uhr. Es war Mittag. Ich hatte vier Stunden Zeit für meine Geschichte, bis mein Mann von der Arbeit nach Hause kam.

Es dauerte ziemlich lange, bis ich begriffen hatte, wie man das Farbband einführt. Dann entdeckte ich, daß der Buchstabe L nicht funktionierte. Aber das spielte keine Rolle – ich konnte schließlich die Zahl sieben tippen, bis das L wieder repariert war. Ich mußte mir nur vorstellen, daß die Sieben ein L war, das auf dem Kopf stand.

Ich tippte meinen ersten Satz: „Don ste77te sich neben mich und seine 7ippen berührten zärt7ich die meinen." Dann lehnte ich mich im Stuhl zurück und betrachtete kritisch mein Werk. So weit, so gut! Eine wunderbare Liebesgeschichte war im Entstehen. Jetzt brauchte ich nur noch einen Rahmen, ein paar Charaktergestalten und irgend etwas, das die Lücke zwischen Anfang und Ende ausfüllte.

Wieder sah ich auf die Uhr. Ich beschloß, den Braten in den Backofen zu schieben, während ich weiter dichtete.

Zurück zur Arbeit. Wo bin ich stecken geblieben?

„Don ste77te sich neben mich und seine 7ippen berührten zärt7ich die meinen." Wer weiß, vielleicht war das der Anfang eines Bestsellers?

Oder müßte es besser klingen? Ich schrieb den Satz noch einmal. Alle guten Schriftsteller schreiben ihr Manuskript mehr als einmal. Das war ein weiteres gutes Wort: Manuskript. Ich durfte es nicht vergessen!

„Don ste77te sich neben mich und seine männ7ichen Arme hü77ten mich ein. Seine 7ippen berührten zärt7ich die meinen und sein 7iebevo77er Kuß –"

Das nenne ich schreiben!

Aber was roch denn da so nach Rauch? Der Braten war angebrannt! Ich hatte den ganzen Nachmittag für diesen einen Satz gebraucht. Na ja, „Vom Winde verweht" ist schließlich auch nicht an einem Tag geschrieben worden, und wenn ich einmal den richtigen Faden gefunden hatte, konnte auch ich schneller schreiben, sagte ich mir.

Da hörte ich Dons Wagen vor dem Haus. Nun, für heute hatte ich genug geschrieben. Ich zog mein „Manuskript" aus der Maschine, faltete es und steckte es in die Schürzentasche. Die Schreibmaschine wurde wieder im Schrank begraben.

Der Braten war hoffnungslos verbrannt, und etwas anderes hatte ich nicht. Höchstens Pfannkuchen konnte ich noch schnell machen. Ich hatte den ganzen Tag nicht abgewaschen – das Dichten hatte mir keine Zeit gelassen. Schließlich konnten wir ja auch Papierteller verwenden. Ich hoffte nur, der Sirup würde die Teller nicht aufweichen. Vielleicht, wenn wir schnell aßen –

Ich lächelte und tastete nach dem Manuskript in der Schürzentasche. Wenn mich Pastor McPherson nächstes Mal nach meinem Buch fragte, konnte ich antworten, daß ich bereits damit begonnen hätte!

Ich mußte mir natürlich einen Künstlernamen zulegen. Kein Mensch würde ein Buch lesen wollen, das von einer Schrei im Wind geschrieben wurde. Ich mußte mir einen typisch weißen Namen suchen. Vielleicht Gwendolyn Lovequist –

Am anderen Tag war ich damit beschäftigt, ein belegtes Brötchen aus dem Teppichroller zu kratzen, mit dem Verlorener Hirsch sein Sandwich hatte flachpressen wollen.

Erst spät abends, als alle schon schliefen, begann ich ein Buch zu schreiben mit dem Titel „Schrei im Wind".

„Braune Füße in Mokassins wanderten lautlos –"

Als die Seiten sich mehrten, ließ ich weinend die Vergangenheit an mir vorüberziehen. Den Glanz meines Pferdes „Donnerhuf", Großmutters Tod, die lange Suche nach dem wahren Gott. Als ich mich damit abmühte, meine Gedanken zu Papier zu bringen, fragte ich mich, ob wohl je ein Mensch die Geschichte einer ungebildeten Halbblut-Indianerin lesen würde.

Bis jetzt hatte ich den Plan Gottes für mein Leben immer unterschätzt.

24

Ich schlug die Augen auf. Angst überkam mich, als ich mich umdrehte und auf den Wecker sah. Bald mußte ich aufstehen. Ich stöhnte leise und schloß die Augen wieder mit dem Wunsch, diesen Tag einfach zu übergehen. Heute hatte ich Geburtstag. Ich hasse Geburtstage. Es ist schließlich kein Vergnügen, ein Jahr älter zu werden.

Ich seufzte, stieg aus dem Bett, zog den fadenscheinigen Morgenrock an und ging hinunter in die Diele. Die Kinder schliefen noch. Vielleicht konnten Don und ich zur Abwechslung mal ruhig frühstücken. Ich setzte den Kaffee auf und machte ein paar Spiegeleier. Der Toast war gerade schön braun, als Don in der Küche erschien.

„Morgen", brummte er und nahm sich eine Tasse Kaffee.

Er hatte mich nicht einmal angesehen. Ich wußte nicht, ob ich froh oder böse sein sollte, weil er meinen Geburtstag vergessen hatte.

Don schlang sein Frühstück hinunter und griff nach seiner Aktentasche. Er drückte mir einen flüchtigen Kuß auf die Wange, dann verschwand er durch die Küchentür und schmetterte sie hinter sich zu.

Es dröhnte wie ein Gewehrschuß, und aus dem Schlafzimmer der Kinder ertönte ein lauter Schrei. Der Tag hatte nun auch offiziell begonnen.

Ich ließ die Zuckerdose fallen, so daß die feinen Körnchen in alle vier Himmelsrichtungen zerstoben. Der Kuchen, den ich backte, blieb sitzen und sah aus wie ein Fladen mit einem Loch in der Mitte. Ein Wolkenbruch hatte es auf meine Wäsche abgesehen und bespritzte sie mit Schlamm, bevor ich sie abnehmen konnte, und mein Sohn riß das Tischtuch mit sämtlichen Tellern und Platten vom Tisch.

Tränen rollten über meine Wangen, als ich zum drittenmal an diesem Morgen den Boden wischte. Ich schimpfte: „Oh, wie ich Geburtstage hasse!"

Verlorener Hirsch zupfte an meiner Schürze. „Wein nicht, Mami, Jesus hat dich lieb!"

Wie oft hatte ich die gleichen Worte schon zu ihm gesagt! Nun gab er sie mir zurück.

Natürlich hatte Jesus mich lieb. Ich wußte, daß es so war. Aber – weshalb regten mich dann so belanglose Zwischenfälle dermaßen auf?

Ich überdachte, was alles heute morgen schiefgegangen war. Schlecht gelaunt war ich erwacht. Meiner Nachlässigkeit war es zuzuschreiben, daß die Zuckerdose in Scherben ging. Und hatte ich den Kuchen wirklich nach Rezept gebacken, oder hatte ich die Zutaten nur so ungefähr gemischt? Die Regenwolken hatte ich schon von weitem kommen sehen – wenn ich ihnen mehr Aufmerksamkeit beigemessen hätte, wäre meine Wäsche sauber und trokken von der Leine gekommen. All meine Schwierigkeiten hätten vermieden werden können, wenn ich den Tag mit mehr Freude und Aufmerksamkeit begonnen hätte.

Die Worte meines Sohnes hatten mich daran erinnert, daß Gott trotz meiner schlechten Laune ganz nahe bei mir war. Jesus hat mich auch dann noch lieb, wenn ich griesgrämig und unausstehlich bin.

Ich erinnerte mich an meinen fünfzehnten Geburtstag. An jenem Tag war der Unfall passiert, der meiner Großmutter das Leben kostete. Wenige Tage später war mein herrliches Pferd verendet, und dann hatte mich mein liebster Onkel im Stich gelassen. Ein dunkles Kapitel in meinem Leben hat an jenem Tag begonnen und alle nachfolgenden Geburtstage überschattet.

Ich ging ins Schlafzimmer und hob den schweren Dekkel der alten Truhe. Ich wühlte und suchte so lange, bis ich die kleine Schachtel fand.

Ich nahm sie heraus und öffnete den Deckel. Vor mir lag ein kleines Porzellanpferd. Die Beine waren abgebrochen, aber mich interessierte vor allem der Kopf. Ich hatte das Figürchen vor Jahren in einem kleinen Geschäft entdeckt. Es war Liebe auf den ersten Blick gewesen. Das Pferd schien eine Abbildung von Donnerhuf zu sein. Stolz war es auf dem Regal gestanden, und seine kleine Mähne flatterte im unsichtbaren Wind. Sein Anblick freute mich immer. Eines Tages hatte es ein Kind heruntergeworfen und zerbrochen. Ich hatte die Scherben in den Abfall gefegt. Später tat es mir leid, und ich holte die Überreste meines Pferdchens wieder heraus, wickelte sie in ein Taschentuch und steckte alles in die kleine Schachtel. Manchmal, wenn alles schief ging, nahm ich das kleine Figürchen hervor und betrachtete den Kopf, der mich so sehr an Donnerhuf erinnerte. Es war ein geheimes Bindeglied zu meiner Vergangenheit.

Meine Mutter fiel mir ein, und ich fragte mich, ob sie sich wohl daran erinnerte, daß ich heute Geburtstag hatte. Heute verfolgte mich die Vergangenheit und jagte mir Angst und Schrecken ein.

Als Don abends nach Hause kam, hatte sich meine üble Laune nicht im geringsten gebessert.

„Du hast meinen Geburtstag vergessen", stichelte ich. „Dabei bin ich die einzige Frau, die du hast!"

Er lachte. „Hab ich jemals deinen Geburtstag vergessen?" Er zog ein kleines Päckchen aus der Tasche und überreichte es mir.

Neugierig wickelte ich es aus. Ein wunderbarer Ring mit einem Türkis lag vor mir. Ich schämte mich, daß ich ihm Vorwürfe über seine Vergeßlichkeit gemacht hatte.

Am Abend ging es laut her bei uns. Wir spielten mit den Kindern alle nur erdenklichen Spiele, und als es Zeit war, zu Bett zu gehen, waren alle erschöpft. Der plätschernde Regen draußen machte es sogar den Kindern leicht, sich auf das warme Bett zu freuen.

Die Regentropfen wurden größer und fielen dichter. Blitze zuckten über den Himmel, und der Donner krachte, daß die Fenster klirrten. Der Lärm weckte die Kleine und sie begann zu schreien. Ich holte sie zu uns und tröstete sie, bis sie in meinen Armen wieder einschlief.

Ich schaute aus dem Schlafzimmerfenster. Das Gewitter verzog sich. Das Grollen des Donners war nur noch von weitem zu hören, und die Blitze hatten ihre Kraft verloren.

Ich hüllte die Kleine in ihre Decke. „Papa und ich sind zwei, mit der Kleinen aber drei", summte ich vor mich hin. Jetzt aber hatten wir vier Kleine! „O Gott, ich danke dir für meine prächtige Familie!" Ein langer Weg lag hinter uns. Wie sehr wünschte ich, noch einmal zurückzugehen und alles nochmals zu durchleben. Wie schön konnte das Leben sein!

Ich zog die Vorhänge zu und ging zu Bett. Der Sturm war vorüber, und ich war froh, daß auch mein Geburtstag erst nächstes Jahr wiederkehrte.

Schnell schlief ich ein, aber Ruhe fand ich nicht. Ich träumte von einer Stimme, die mich immer wieder bei meinem Namen rief. Eine bekannte Stimme, und doch wußte ich nicht, wem sie gehörte. Plötzlich nahm sie Gestalt an. Meine Mutter, Kleiner Vogel, stand vor mir und rief meinen Namen. Ich wollte ihr entgegenlaufen, aber jemand nahm mich am Arm und hielt mich zurück. „Es ist zu spät. Sie ist tot!"

Ich begann zu schreien: „Es ist nicht zu spät! Es kann nicht zu spät sein!"

Der Griff an meinem Arm wurde fester. Jemand schüttelte mich.

„Liebling, so wach doch auf!" Es war Dons Stimme und sein Arm. „Du hast einen bösen Traum!"

Meine Tränen hatten das Kissen genetzt, und mein Hals tat weh. „Ich hab meine Mutter gesehen. Sie hat nach mir gerufen!" schluchzte ich.

Er zog mich an sich und deckte mich besorgt zu. „Du hast nur geträumt. Schlaf weiter!"

„Nein! Ich hab sie gesehen! Sie war hier im Zimmer!"

„Du hast geträumt", wiederholte er und schickte sich an, weiterzuschlafen.

Ich stand auf und drehte das Licht an. Niemand war im Zimmer, nur Don und ich. Es war wirklich nur ein Traum gewesen, aber ein sehr realer Traum!

Ich erinnerte mich an jede Einzelheit. Wenn sie mich nun wirklich von irgendwoher rief? Wenn sie wirklich im Sterben lag und der Traum eine Mitteilung war? Entschlossen wischte ich die Tränen ab und holte Papier und Feder.

Ich mußte herausfinden, wo meine Mutter war. Ich wollte nicht warten, bis es zu spät war, wie in meinem Traum.

Seit meiner Heirat hatte ich keinen Kontakt mehr mit meiner Familie. Das kam einerseits daher, daß ich Christ geworden war, und andererseits, daß ich einen Weißen geheiratet hatte. Es würde nicht einfach sein, die Verbindung mit meinen Verwandten wieder aufzunehmen und sie zu bitten, mir bei der Suche nach Mutter zu helfen. Vielleicht wußte niemand, wo sie war. Seit Jahren hatte man nichts mehr von ihr gehört.

Ich entschloß mich, zuerst an Tante Rehkitz zu schreiben. Ich war überzeugt, daß sie mehr wußte, als sie vorgab.

Mein Brief war nur kurz. „Liebe Tante Rehkitz, könntest du mir bitte helfen, meine Mutter zu finden? In Liebe, Schrei im Wind."

Ich versiegelte den Brief, adressierte ihn und schlüpfte in meinen Mantel. Mit der Taschenlampe suchte ich mir den Weg zum Briefkasten, trotz strömenden Regens. Ich wußte, daß ich den Brief vermutlich nie abschicken würde, wenn ich ihn bis zum Morgen liegen ließ. Nach all diesen Jahren hatte ich Angst, auch nur einen Tag länger zu warten.

Ich zitterte, als ich den Umschlag in den Kasten warf. „Bitte, laß es nicht zu spät sein!" betete ich und rannte zurück. Erleichtert kuschelte ich mich an Don und ließ mich von ihm wärmen.

Nun war ich beruhigt. Ich hatte den ersten Schritt getan. Jetzt lag es nicht mehr an mir. Den nächsten Schritt mußte Tante Rehkitz tun – und Gott.

Es verging beinahe ein Monat, bevor ich von Tante Kitz Antwort bekam. Ich hatte fast die Hoffnung aufgegeben, je etwas von ihr zu hören. Wahrscheinlich sollte meine Suche zu Ende sein, bevor sie noch begonnen hatte!

„Liebe Schrei im Wind!
Seit einigen Jahren habe ich nichts mehr von deiner Mutter gehört. Sie hat bei einer Frau gearbeitet, vermutlich weiß diese, wo sie ist. Hier ihre Adresse . . .
                                                    Tante Kitz
PS. Ich habe gehört, daß du fromm geworden bist!"

Da mußte ich lachen. „Ich habe gehört, daß du fromm geworden bist!" Wahrscheinlich hatte die ganze Verwandtschaft vernommen, daß Flint, Cloud und ich Christen geworden waren. Ich konnte mir vorstellen, wie sie die Köpfe schüttelten, wenn von uns die Rede war. Ich wollte ihr schreiben und zu erklären versuchen, was Gott für mich getan hatte. Doch zuerst mußte ich an diese Freundin meiner Mutter schreiben.

Die Antwort kam umgehend:
„Liebe, kleine Schrei im Wind!
Deine Mutter hat mir oft von dir erzählt. Leider habe ich nichts mehr von ihr gehört, seit sie nach Kansas gezo-

gen ist. Beigeschlossen schicke ich dir die letzte Adresse, die ich von ihr hatte.
Viel Glück! Frau Murphy."

Jetzt mußte ich bald am Ziel sein. Mein nächster Brief war an sie direkt gerichtet. Ich schrieb ein Dutzend Briefe, bis ich mich für ein einfaches, kurzes Wort entschließen konnte.

„Lieber Kleiner Vogel!
Ich bin Schrei im Wind, deine Tochter. Ich bin verheiratet und habe vier Kinder. Ich würde mich freuen, einmal von dir zu hören. Schrei im Wind."

Ich schickte den Brief an die Adresse, die mir Frau Murphy gegeben hatte, und auf den Umschlag schrieb ich „Bitte nachsenden", für den Fall, daß sie nicht mehr dort wohnte.
Die nächsten Tage verbrachte ich in gespannter Erwartung. Die Tage vergingen, und keine Antwort kam. Ich erwartete meinen Brief zurück mit dem Vermerk: „Adressat unbekannt".
Eine Woche später kam die Antwort.

„Meine Tochter!
Danke, daß du uns geschrieben hast. Ich bitte dich, mir die Jahre des Schweigens zu vergeben. Ich habe viele Fehler gemacht, und mein Herz ist schwer. Ich werde alt, und ich habe den größten Teil meines Lebens nutzlos vergeudet.
Dein Vater und ich sind nach all den Jahren der Trennung wieder vereint. Wir haben beide den Herrn Jesus als Retter angenommen und sind Christen geworden. Ich wollte dich schon lange suchen, aber ich dachte, es sei zu spät. Du hast nie auf die Briefe geantwortet, die ich dir schrieb, nachdem ich dich bei Shima Sani gelas-

sen hatte. Ich dachte, dein Herz sei voller Haß gegen mich.
Bitte, meine Tochter, schreib uns wieder. Hast du ein Bild, das du mir schicken könntest?
Brauchst du Hilfe? Bitte schreib!

Alles Liebe
Mutter und Vater."

Ich setzte mich auf den Fußboden, weinte und las den Brief wenigstens zehnmal durch.

„Wir sind Christen", hatte sie geschrieben! „Dein Vater und ich, wir sind wieder vereint!" Ich konnte es nicht fassen! Meine Eltern, die einander tödlich gehaßt hatten, waren wieder vereint und kannten den Herrn! Es war ein Wunder, ein unfaßliches Wunder!

Ich zerbrach mir den Kopf wegen der Worte: „Du hast nie auf die Briefe geantwortet" ... Ich hatte von meiner Mutter nie einen Brief bekommen. War es möglich, daß Shima Sani sie vor mir versteckt hatte? Sie hatte in ihrem Leben manche Gemeinheit begangen – das könnte eine davon sein.

Als Don nach Hause kam, zeigte ich ihm den Brief.

„So, du hast also deine Mutter gefunden", sagte er nachdenklich und gab mir den Brief zurück. „Was denkst du nun über sie?"

„Ich weiß es nicht. Ich bin froh, daß ich sie gefunden habe. Ich bin glücklich darüber, daß sie und Vater Christen geworden sind, aber es ist schon so lange her – ich weiß wirklich nicht, was ich denken soll. Auf jeden Fall möchte ich sie besser kennenlernen."

Dons Gesicht wurde ernst. „Sei vorsichtig und übereil' nichts!" warnte er.

Ich nickte. „Ich will aufpassen. Ich werde auch nicht zuviel von ihr erwarten."

Ich beantwortete ihren Brief und sandte Bilder von uns allen.

Ihr nächstes Schreiben enthielt ein Bild von ihr und Vater. Hundertmal betrachtete ich es! Meine Mutter hatte Großmutters Augen, schwarz und tiefliegend, wie die Augen eines Adlers. In zwanzig Jahren würde sie genauso alt und runzlig aussehen wie Großmutter seinerzeit. Ich überlegte, ob ich in zwanzig Jahren meiner Mutter gleichen würde.

Sie blickte wie ein freundliches, schüchternes Geschöpf in die Welt – wie ein erschrecktes Kaninchen, das auf der Flucht ist und nach einem Versteck sucht. Es tat weh, den Vater so alt und müde zu sehen. Ich hätte nie gedacht, daß meine Eltern alt werden könnten. In meiner Erinnerung waren sie immer jung geblieben. Sie hatten zu jung geheiratet, und beide waren aus ihrer unglücklichen Ehe ausgebrochen. Mich hatten sie bei Großmutter gelassen, weil sie fanden, das sei am besten für mich.

Briefe flogen jetzt hin und her. Manchmal klangen sie verlegen, manchmal fröhlich, aber meistens traurig. Unsere Briefe bauten die Brücke zueinander.

Ich hörte Dinge, von denen ich keine Ahnung gehabt hatte. Meine Mutter wollte zu mir zurückkehren, aber Großmutter hatte es ihr verboten. Sie hatte mir oft geschrieben, aber die Briefe kamen jedesmal ungeöffnet zurück.

Immer wieder betonte sie, daß sie versucht habe, ihre Fehler wieder gutzumachen, und aus den Briefen ging deutlich hervor, daß sie und Vater wirklich Christen waren. Sie hatten vor einem Jahr den Herrn Jesus gefunden, in einer Evangelisationsversammlung in ihrer kleinen Stadt.

Es würde lange dauern, bis unser Verhältnis einigermaßen normal würde. Die Einsamkeit so vieler Jahre zu überwinden, ist nicht so einfach.

„Möchtest du deine Eltern sehen?" fragte Don.

„Noch nicht. Wir müssen uns Zeit lassen, müssen uns aneinander gewöhnen. Keiner von uns will einen Fehler riskieren, der alles wieder zunichte macht. Ich glaube, dies ist unsere letzte Gelegenheit, um – um Freunde zu werden. Wenn die Zeit reif ist, werden wir einander finden. Jetzt genügen die Briefe. Sie sind mehr, als ich je erwarten konnte."

„Weißt du", meinte Don, nachdem er den letzten Brief gelesen hatte. „Sie scheinen mir genau die Art Menschen zu sein, die ich mir als Freunde wünsche."

Es war ein eigenartiges Gefühl, nach so vielen Jahren des Alleinseins plötzlich Eltern zu haben. Wie lange war ich doch ganz allein dagestanden! Dann gab mir Gott Freunde, einen Mann, Kinder, und jetzt sogar noch meine Eltern!

Ich kann mich nicht genug darüber wundern, wie Gott Unmögliches möglich machen kann.

25

"Mein Buch ist angenommen!" rief ich begeistert durchs Haus.

„Ich hab dir's doch gleich gesagt!" Don stürzte ins Zimmer und wirbelte mich im Kreis herum. „Ich hab's gewußt!" Wir freuten uns wie Kinder. Ich pries Gott für seine wunderbare Gnade, denn ich wußte, daß ich selber kein Talent hatte. Er allein war es, der mir geholfen hatte.

Als ich Pastor McPherson besuchte und ihm erzählte, daß mein Buch „Schrei im Wind" veröffentlicht werde, lächelte er und erklärte: „Das hab ich immer gewußt!"

Ich lachte. „Don hat dasselbe gesagt!"

„Don und ich, wir haben an Sie geglaubt! Wir haben vieles gemeinsam erlebt und manche Schwierigkeit gemeistert." Er nahm meine Hand und betete, daß das Buch ein Erfolg würde, daß es Menschenherzen berühren und zu Jesus führen möge. „Ich wollte, Audrey könnte heute bei uns sein", sagte er seufzend.

„Ich möchte Ihnen die Widmung vorlesen", bat ich und las mit zitternder Stimme:

„Für Herrn Pastor Glenn O. McPherson –
Weil er an mich glaubte,
lernte auch ich, an mich zu glauben."

Er schüttelte den Kopf, und seine Augen füllten sich mit Tränen.

„Ich finde keine Worte. Ich kann nur sagen – danke!"

Viele freundliche, ermutigende Briefe kamen von dem Verlag. Als sie mich fragten, ob ich mit dem Buch auf Reisen gehen und Vorträge halten wolle, lehnte ich ab. „Erstens habe ich nichts zu sagen, und zweitens kann ich meine Familie nicht so lange im Stich lassen."

„Wir könnten kurze Vortragsreisen arrangieren, damit Sie nicht zu lange von Ihren Lieben weg sind. Höchstens ein paar Tage. Wir wissen, daß Familienpflichten zuerst kommen. Sagen Sie einfach, was Sie denken, Schrei im Wind. Sagen Sie den Leuten die Wahrheit über die Indianer. Erzählen Sie ihnen, daß die Religion der Indianer nichts Erhebendes, nichts Schönes ist – daß keine Religion gut ist, wenn nicht der lebendige Gott im Mittelpunkt steht."

„Ich kann niemals vor vielen Leuten sprechen. Ich habe Angst!" erklärte ich. Es ging mir wie Mose.

„Sie müssen keine Angst haben. Sie werden für Gott reden, und er wird Ihnen helfen. Irgend jemand muß sich doch für die Indianer einsetzen! Weshalb nicht gerade Sie?"

Zögernd warf ich einen Blick auf Don. Er mußte mir helfen.

„Das ist *die* Gelegenheit deines Lebens! Ich kann mich der Kinder annehmen. Du mußt gehen. Ich möchte auch, daß du diesen Auftrag annimmst!"

„Dann geh ich", entgegnete ich.

Ich bat Gott um seine Hilfe für die Monate, die vor mir lagen. Ich würde mich in einer neuen, fremden Welt mit Flugzeugen, Hotels und Wolkenkratzern zurechtfinden müssen. Wohin ich auch gehen werde, sei es in ein Reservat in Neu-Mexiko oder ein Hotel in New-York, meine Botschaft wird überall die gleiche sein: Die Indianer brauchen Gott, und alle anderen Menschen auch!

Ich konnte es nicht fassen, daß Gott ein so unbedeutendes Wesen wie mich dazu auserkoren hatte, meine Geschichte Tausenden von Menschen landauf, landab zu erzählen. Man weiß nie, was Gott aus unserem Leben machen kann, wenn wir ihm nicht die Zügel in die Hand geben – und aufhören, selbst zu bestimmen.

26

Unsere Farm lag an einem wunderschönen Fleckchen Erde, aber die Wirbelstürme und die häufigen Gewitter ängstigten mich. Ich war dauernd auf Schlangenjagd und konnte längst nicht mehr sagen, wie vielen von ihnen ich schon den Garaus gemacht hatte. Jeden Tag flehte ich: „Herr, behüte meine Kinder vor den Schlangen, wenn sie draußen spielen." Wenn ich eine Tarantel sah, wurde ich beinahe ohnmächtig, und vor den Skorpionen nahm ich Reißaus.

Ich vermißte die Berge und die Wälder, meine Gemeinde und meine Freunde. Ich hatte Heimweh. Je länger, desto mehr verweilten meine Gedanken bei den alten Freunden, den alten Zeiten.

Als ich eines Morgens Wäsche aufhängte, überfiel mich das Heimweh wie eine Flutwelle. Ich fiel auf die Knie und weinte laut: „Ich will nach Hause, ich will nach Hause!" Immer und immer wieder sprach ich diese Worte vor mich hin, bis es nicht mehr nur ein Wunsch, sondern eine verzweifelte Bitte war.

Don war hier auch nicht mehr so glücklich wie am Anfang, und als ich ihm sagte, wie sehr ich mich nach daheim sehnte, beschloß er, die Farm zu verkaufen.

Es fiel uns aber doch schwerer, als wir gedacht hatten, unseren Besitz aufzugeben. Ganz befriedigt hatte er mich nie. Irgend etwas fehlte, aber ich fand nicht heraus, was es war. Etwas, das man nicht in Worte kleiden konnte. Die Farm war niemals eine wirkliche Heimat für mich gewesen. Aber jetzt, als wir unsere Sachen packten, überfiel mich ein tiefer Schmerz – etwa so, wie wenn man einen lieben Freund zu Grabe trägt. Ich war im Begriff, etwas zu verlieren. Was, wenn wir nie ein anderes Heim fänden und ruhelos umherziehen müßten? Ich hatte Angst, furchtbare Angst, daß meine Lieben für mein Heimweh einen bitteren Preis bezahlen müßten. Ein neuer Anfang lag vor uns. Don mußte Arbeit finden, die Kinder ihre Freunde zurücklassen.

„O Gott, hilf uns!" betete ich, als wir wegfuhren und unsere Farm zurückließen.

Gebet für ein neues Heim

Herr, gib uns doch ein kleines Haus,
aus dem wir nie mehr ziehen aus.
Mit weichen Stühlen, einem Herd,
vier Betten, um zu schlafen unbeschwert.

Ein wenig gutes Ackerland
mit Bäumen rings um seinen Rand.
Wo Berge, Fels und Wolken grüßen
und wir von Herzen lachen müssen.

Gib sanfte Winde, weichen Regen,
uns und dem Land zum reichen Segen.
Kätzchen, Spiele, der Bücher viel
sind für uns das nächste Ziel.

Ein Garten voller Blumenpracht
mir Tag für Tag entgegenlacht.
Ein Heim, das allen Menschen paßt,
in dem du, Herr, der Ehrengast.

In Colorado angekommen, fanden wir sofort ein kleines Haus, das wir vorübergehend mieteten, während Don nach Arbeit und ich nach einem Heim Ausschau hielten.

Flint und Cloud hatten kleine Farmen in den Bergen.

Flint und seine Frau hatten zwei kleine Buben, Cloud zwei kleine Töchter. Beide führten ein ruhiges Leben als Christen.

Cloud besuchte uns und brachte Kleiner Antilope einen Bogen mit Pfeilen, die er selbst geschnitzt hatte. „Hier, kleiner Krieger, damit kannst du einen Bären töten", lachte er.

„Hundert Bären will ich schießen!" prahlte Kleine Antilope und rannte mit dem neuen Spielzeug davon.

„Das ist ein wunderbares Geschenk, Cloud! Du hast sicher viel Zeit dafür gebraucht. Er wird sein Leben lang daran denken", dankte ich ihm.

Cloud wehrte ab. „Nicht der Rede wert!" Aber ich sah, daß er auf sein Werk stolz war.

„Cloud, ich habe ein Buch geschrieben", sagte ich schüchtern.

„Worüber?" fragte er.

Ich schluckte. „Über uns."

Erstaunt sah er mich an.

„Ich habe über uns geschrieben – unsere Familie, unser Leben", erklärte ich leise.

„Alles?" fragte er zweifelnd.

„Ja."

Einen Augenblick schwieg er. Dann lächelte er mir zu. „Fein! Ich freu mich für dich!" Er schlug mir so kräftig auf die Schulter, daß ich wankte. „Höchste Zeit, daß jemand aus unserer Familie etwas tut! Ich bin stolz auf dich!"

Eine große Last fiel von mir ab, und ich richtete mich hoch auf. Er betrachtete Kleine Antilope, der sein neues Spielzeug ausprobierte.

„Du mußt dir darüber klar sein, Schrei, daß unsere Leute dir auch Widerstand entgegenbringen werden. Etliche von unserer Sippe werden nicht wollen, daß du über das Leben der Indianer sprichst. Sie werden dir grollen – und sie können dir gefährlich werden. Sie werden dich eine Lügnerin nennen und dich verleumden, nur um selber besser dazustehen. Es wird nicht leicht für dich sein."

„Das hab ich mir auch gedacht. Aber tief im Herzen fühle ich, daß ich auf dem richtigen Weg bin. Unser Volk hat viel zu lange in der Dunkelheit gelebt – zu viele Geheimnisse, zu viel Angst hat unser Leben überschattet. Es ist höchste Zeit, die Fenster aufzumachen und die Sonne hereinzulassen in unser Leben. Weg mit dem Staub der Vergangenheit!" rief ich.

„Ich bin ganz deiner Meinung, Schrei. Aber die, die noch auf dem alten Weg sind, werden es dir schwer machen", warnte er.

„Wenn du hinter mir stehst, Cloud, kann ich den anderen die Stirn bieten."

Bald fand ich heraus, daß durch unsere Sippe eine klare Trennungslinie geht. Diejenigen, die Christus gefunden hatten, waren von meinem Buch begeistert. Die anderen haßten das Buch – und mich, weil ich es geschrieben hatte.

Wenn mein Buch nichts anderes ausrichtete, dann sollte es wenigstens dazu beitragen, daß die Leute aufhörten, die Religion der Indianer als wunderbar zu bezeichnen. „Wie schön ist doch diese Naturreligion – laßt den Leuten doch ihren alten Glauben!"

Laßt den Leuten ihren alten Glauben, damit sie weiterhin ohne Hoffnung leben? Laßt sie in Ruhe, damit sie nie von der Liebe Gottes und von der Vergebung der Sünden hören? Laßt sie in Ruhe, damit sie im Dunkeln sterben und in eine Ewigkeit ohne Gott gehen? Was ist denn daran so wunderbar?

Don und ich besichtigten Dutzende von Häusern. Die meisten, die uns gefielen, waren zu teuer. In der Stadt konnten wir nicht leben, wir brauchten Luft und Sonne und genügend Lebensraum.

Ein Freund schickte uns einen Häusermakler. „Ich bin T. J. Calhaun, ich werde Ihnen ein passendes Haus suchen", versprach er lächelnd. Bald darauf zeigte er uns ein paar Anwesen, die unserer Preisvorstellung entsprachen, aber keines gefiel uns so richtig.

Langsam verlor ich den Mut. Don wurde ungeduldig, weil er endlich irgendwo daheim sein wollte. Er hatte Arbeit als Fernfahrer gefunden, und obwohl der Arbeitstag lang und der Lohn bescheiden war, schätzten wir uns glücklich, so schnell Arbeit gefunden zu haben – in einer Zeit, in der viele arbeitslos waren. Nun fehlte uns nur noch ein Heim, ein wirkliches Zuhause.

Schuldgefühle bedrückten mich. Ich war schuld, daß meine Lieben entwurzelt, heimatlos dastanden. Es schien unmöglich, ein Haus zu finden, das unseren Wünschen, und vor allem unserem mageren Geldbeutel, entsprach.

Eines Abends tauchte der Makler wieder auf. „Ich hab' noch ein Objekt, das ich Ihnen zeigen könnte", begann er zögernd. „Mein eigenes Haus. Eigentlich wollte ich es nicht verkaufen, aber ich glaube, ich muß mich doch an den Gedanken gewöhnen. Ihr Leben hat sich geändert. Sie müssen die Vergangenheit begraben und wieder von vorn beginnen."

Langsam fuhr er mit uns über eine schmale, staubige Landstraße.

„Es ist ein altes Kolonisten-Anwesen mitten in einem Staatswald. Alles habe ich verkauft, mit Ausnahme von elf Morgen Land, dem Haus und den Scheunen. Jetzt ist es Zeit, sich auch vom letzten Stück zu trennen." Er verließ die Hauptstraße und bog auf einen schmalen Weg, der durch dichten Wald führte.

Die Sonne ging gerade unter, als er vor einem alten Holztor hielt. „Von hier aus müssen wir zu Fuß weiter", erklärte er.

Wir kletterten aus dem Wagen und folgten dem schmalen, steinigen Pfad. Nach einer Wegbiegung sah ich zum erstenmal die Farm. Tränen traten mir in die Augen. Das Blockhaus und die Nebengebäude waren ungefähr hundert Jahre alt. Hohe Föhren und riesige Felsblöcke umgaben die Farm und hielten neugierige Blicke fern.

Als wir das Haus betraten, zog ein riesiger Kamin meine Aufmerksamkeit auf sich. Dicke Balken trugen die Decke, und die Lampen waren aus alten Wagenrädern gebastelt.

„Das nehmen wir!" rief ich entzückt.

Don bekam einen Hustenanfall, und der Makler wurde bleich.

Nachts gab mir Don Instruktionen, wie man keinesfalls ein Haus kaufen dürfe, und daß wir uns die alte Ranch nicht leisten könnten.

„Frag ihn doch, ob er sie uns nicht billiger gibt", bat ich. „Ich muß das Haus haben! Das ist mein Heim!"

„Er wird es nicht billiger geben – jetzt, da er weiß, wie sehr es uns gefällt. Du hättest den Mund halten sollen, ihn im Zweifel lassen." Er machte einen anderen Vorschlag: „Die kleine Geißenfarm hier in der Nähe ist auch nicht so übel. Die könnten wir uns leisten!"

„Sie ist fürchterlich! Die Geißen haben fast alle Bäume angeknabbert. Außerdem kann man das Haus nicht einmal heizen. Nein! Nein! Ich möchte die alte Ranch!" Ich begann zu schluchzen. „Gott hat mir doch dieses Anwesen nicht nur gezeigt, um mich damit zu ärgern. Er will, daß ich es bekomme, ganz gewiß."

Am nächsten Morgen ging Don zu dem Makler und bot ihm tausend Dollar weniger, als er ursprünglich verlangt hatte. Zu seiner großen Überraschung nahm der Mann das Angebot an.

Jetzt hatten wir unser Heim! Kurze Zeit später waren wir in Donnerbühl, unserem versteckten, verträumten Tal eingezogen – weitab von der übrigen Welt. Wieder daheim! Jeden Sonntag saßen wir in der Kirche, wo Pastor

McPherson immer noch Prediger war und uns die Botschaft von Gottes Liebe verkündigte.

Ich sah mich in der Kirche um. Sally war noch da, aber viele vertraute Gesichter fehlten. Audrey, Edith und viele andere hatte der Herr abberufen. Da, wo ich einst ganz alleine saß, saß jetzt meine Familie neben mir. Wir füllten eine ganze Bankreihe!

Pastor McPherson stand auf der Kanzel. Die Jahre waren nicht spurlos an ihm vorübergegangen. Er war ein wenig grauer, ein wenig demütiger, uns aber desto lieber geworden!

27

Wie sehr ich den Herbst liebte! Gott berührte die Bäume, daß sie sich in Gold verwandelten, und die fallenden Blätter erinnerten mich an den Segen, der vom Himmel kam. Ich liebte es, die Blätter mit den Händen zu fangen und mit den Füßen durch das raschelnde Laub zu schreiten. Welches Vergnügen, den Kindern zuzusehen, die Laubhütten bauten und Purzelbäume schlugen!

Im Herbst schien sich die Natur besonders anzustrengen, um den Bergen ein Festkleid anzuziehen. Das bunte Bild sollte uns in den langen, kalten Winter begleiten. Mir war der Herbst immer die liebste Jahreszeit gewesen, aber diesmal fürchtete ich das Ende des Sommers, denn dann war für meinen ältesten Sohn die schöne Zeit der Freiheit vorüber. Er hatte das Alter erreicht, in dem für ihn der Ernst des Lebens – die Schule – begann.

„Ich will meinen Sohn nicht zur Schule schicken!" wehrte ich mich. „Die Schule ist etwas Fürchterliches! Die Lehrer sind grausam, haßerfüllt und denken an nichts anderes, als wie sie kleine, unschuldige Kinder in Verlegenheit bringen können!" Schmerzliche Erinnerungen an meine eigene Schulzeit stiegen in mir hoch. Der Gedanke, daß meine Kinder zur Schule mußten, war wie ein Alptraum für mich. Nein! Ich würde es nicht zulassen, daß man meine Kinder auslachte. Meine Kinder durften nicht von bösen Gassenjungen nach Hause gejagt werden. Nein! Meine Kinder sollten nicht zur Schule gehen!

„Das Gesetz befiehlt, daß die Kinder zur Schule müssen", erklärte mein Mann ernst.

„Das Gesetz hat kein Recht, mir die Kinder wegzunehmen", schluchzte ich. „Das wäre ja gesetzlich geschützter Menschenraub!"

„Aber, aber! Sie nehmen dir doch die Kinder nicht weg! Sie wollen, daß jedes Kind eine möglichst gute Schulbildung erhält. Er geht ja nur ein paar Stunden pro Tag zur Schule!" erklärte Don. „Weshalb regt dich denn das so auf?"

„Ich bin mehr als aufgeregt! Ich bin wütend und krank! Ich möchte gegen die Schule kämpfen, aber ich kann nicht! Die Regierung erklärt, daß jedes Kind eine gute Schulbildung braucht, aber sie bringt ihnen doch nicht bei, was sie wissen müssen. Sagt ihnen die Schule etwas über Gott? Nein! Lernen die Kinder, wie man kocht, oder wie man jagt, oder wie man in der Wildnis überleben kann? Nein! Bringt ihnen die Schule bei, wie man ein guter Mensch wird und für seine Familie sorgt? Nein! Sie lehrt nur: ‚Johnny hat sieben Äpfel gegessen, wie viele bleiben übrig?' Sie sagt, daß ein weißer Mann namens Columbus Amerika entdeckt hat, aber die Indianer haben Amerika tausend Jahre früher entdeckt! Sie lehren, daß Custer von den Indianern umgebracht worden ist – aber Custer war ein Großmaul, der es auf Frauen und Kinder abgesehen hatte und sie tötete! Sie lehrt Lügen!" schrie ich. „Ich kann die Kinder daheim unterrichten. Ich kann Bücher kaufen. Die Regierung hat kein Recht, mir meine Kinder zu nehmen! Ich will um sie kämpfen!"

Mein Mann lächelte. „Eine Indianerin sollte besser als jeder andere wissen, daß man gegen die Regierung nicht ankommt."

Ich senkte den Kopf. Ich wußte, daß er recht hatte. Man kann nicht gegen die Regierung kämpfen und gewinnen. Mein Sohn mußte zur Schule gehen. Ich mußte mein Lamm dem Schlächter ausliefern.

Ich lief aus dem Haus und suchte Trost im Wald. Unter einem abgestorbenen Baum weinte ich bittere Tränen, weil meine Kinder die gleiche Qual erleiden mußten wie seinerzeit ich.

Das war nicht fair! Mein Herz brannte. Ich würde meine Kinder nehmen und mit ihnen flüchten. Wir würden zurück ins Reservat gehen, wo sich niemand darum kümmerte, ob meine Kinder zur Schule gingen oder nicht.

Ich erinnerte mich daran, wie meine Onkel über die „Erziehung" sprachen, die die Regierung ihnen angedeihen ließ. Ein Bus war ins Reservat gekommen, und die Kinder waren laut und grob zusammengetrommelt worden. Der Bus fuhr sie in ein Internat für Indianer, und man brachte sie in großen Schlafsälen unter. Sie sahen ihre Familie erst am Ende des Schuljahres wieder, denn die Schule war weit entfernt, und die Eltern konnten die Reise nicht bezahlen. Sie konnten einander nicht einmal schreiben, denn die wenigsten Eltern konnten lesen. Oft wußten Eltern und Kinder nicht, ob der andere Teil noch am Leben war.

Viele Teenager sprangen aus dem fahrenden Bus und versteckten sich, um der Schule zu entgehen. Deshalb wurden Fußketten eingeführt und die Schüler angekettet, bis sie „sicher" in der Schule ankamen. Erst vor kurzem waren die ersten Schulen im Reservat gebaut worden, die den Kindern ermöglichten, allabendlich nach Hause zu gehen, anstatt für Monate entführt zu werden.

Mein eigener Stamm, die Kickapoo, hatte die Erziehungsmethoden der Regierung mehr als alle anderen angefochten. Sie haben sechs Schulen einfach niedergebrannt. Kein anderer Stamm hat an den alten Sitten so zäh festgehalten wie die Süd-Kickapoos. Sie sind beinahe alle Analphabeten. Nicht, weil sie dumm sind, sondern weil sie sich weigern, den „Weg des weißen Mannes" zu gehen. Sie wollten nichts wissen von Schulbildung.

Unaufhörlich flossen meine Tränen. Tief sog ich die frische Abendluft ein. Es mußte eine Möglichkeit geben.

Es gibt immer irgendeine Möglichkeit, wenn man nur scharf genug nachdenkt.

Kleine Antilope mußte zur Schule. So sagte das Gesetz. Wenn ich die Möglichkeit des „freiwilligen" Schulbesuchs nicht nutzte, steckte man mich ins Gefängnis. Das Gesetz sagte... Aber wenn ein Kind krank ist, kann nicht einmal das Gesetz es zwingen, zur Schule zu gehen! Ich lächelte vor mich hin. Ja, Kleine Antilope würde in der Schule einfach fehlen. Ich würde ihn für krank erklären und fast immer daheim behalten. Das war ganz leicht zu machen! Ich stand auf und bürstete den Schmutz aus den Kleidern. Jetzt fühlte ich mich viel besser. Ich würde ihn ein paar Tage zur Schule schicken und dann ein paar Tage daheim behalten. So war das Problem gelöst!

Schweren Herzens fuhr ich am anderen Tag meinen fünfjährigen Sohn zur Schule. Er trug seine neuen Blue-Jeans und ein neues Hemd. Seine Augen leuchteten vor Begeisterung. Ich beobachtete ihn während der Fahrt. Er freute sich. Er verstand noch nicht, was er früh genug entdecken würde – daß nämlich die Schule kein Spaß ist, daß die Lehrer niemals Freunde der Kinder waren, und daß andere Kinder nicht mit Mischlingen spielten. Die Erfahrungen, die er heute machen würde, könnten ihn noch viele Jahre lang schmerzen.

Ich fuhr, so langsam ich konnte. Viel zu schnell erreichten wir die Schule. Ich versuchte, den Klumpen in meinem Magen zu vergessen, als ich ihn an seiner kleinen Hand in das große Gebäude führte.

Ein ängstliches Kind wurde von der Mutter ins Zimmer geschubst. Sie sprach ein paar leise Worte, warf einen Blick auf die Uhr und verschwand. Das verwirrte, verängstigte Kind blieb allein in einer fremden, unbekannten Welt zurück. Es begann zu schluchzen und bedeckte mit seinen rundlichen, kleinen Händen die Augen.

Eine magere Frau mit glänzender, blauer Bemalung auf

den Augenlidern saß hinter einem Schreibtisch und schaute mich mit kaltem Blick an.

„Hallo", sagte ich. „Hier ist mein Junge –"

„Füllen Sie bitte das Formular aus, gehen Sie in Zimmer 2 A, dort wird sich Frau Jones um Sie kümmern." Sie schob ein paar Papiere über ihr Pult und hakte ihre Liste ab, ohne uns auch nur anzusehen.

Ich nahm die Papiere und setzte mich an den kleinen Tisch, um sie auszufüllen.

Kleine Antilope klammerte sich an meine Hand, als würde er ertrinken.

Ich las: „Name des Schülers."

„Kleine Antilope Stafford", schrieb ich. Dann sah ich mich um. Alle anderen Kinder waren weiß. Ich radierte den Namen wieder aus. „Aaron Stafford", schrieb ich diesmal. Für ihn würde es leichter sein, hier als Aaron zu gelten. Ein Schuldgefühl stieg in mir hoch, weil ich mich in die Enge treiben ließ.

Adresse: Wagon Tongue Gulch
Alter: Fünf
Rasse:

Spielte das eine Rolle? Ich schämte mich nicht, Indianerin zu sein, aber ich mußte es auch nicht besonders betonen, weil mein Sohn vielleicht darunter zu leiden hatte. Ich bin Chinesin – ich komme vom Mond – ich bin rot –! Ich überlegte. Wenn ich schrieb „Indianer", verleugnete ich seinen Vater. Schrieb ich „weiß", verleugnete ich mich selbst als seine Mutter. Schrieb ich „Indianer/Kaukasier", stempelte ich ihn zum Mischling. Ich war versucht, ihn als „Pfefferminze" (rot und weiß) zu bezeichnen. Sollte ich diese Spalte leer lassen? Nein, das sah dann so aus, als wüßte ich nicht, was mein Sohn war. Schließlich schrieb ich „Amerikaner".

Wieder radierte ich seinen Namen aus. In großen Buchstaben setzte ich hin „Aaron Kleine Antilope Stafford."

Wir waren, die wir waren. Die Schule konnte weder aus mir noch aus meinen Kindern jemand anders machen. Mit der rechten Hand trug ich die Papiere, an der linken Hand führte ich meinen kleinen Jungen in Zimmer 2 A.

Eine Frau in braunem Kostüm warf einen Blick auf meine Formulare. „Sie sind in der falschen Klasse. Gehen Sie bitte in Zimmer 1 B."

Wir gingen durch den langen Korridor in ein anderes Zimmer. Eine kleine Frau im Hosenanzug nahm die Formulare und überflog sie.

„Kleine Antilope?" Sie hob die Brauen.

Ich sah ihr fest in die Augen, ohne eine Antwort zu geben.

„Nun, gut –". Sie las weiter und bleckte die Zähne, ohne den Schimmer eines Lächelns.

Wenig später ließ ich Kleine Antilope in der Schule zurück und fuhr nach Hause. Ich versuchte, den verstörten Blick zu vergessen, der mir folgte, weil ich ihn zum erstenmal im Leben unter lauter Fremden allein gelassen hatte. Fremde, die ihn geringer als sich selbst einschätzten, nur weil er anders war. Fremde, denen er nichts bedeutete und für die er nichts anderes war als ein Junge in Pult Nummer vier.

Zorn stieg in mir hoch. Die Schule hatte sich nicht geändert. Immer noch herrschte das gleiche unpersönliche, geisttötende System. Ich fürchtete die kommenden Tage, an denen mein Sohn weinend heimkommen würde, weil die anderen ihm Schimpfnamen an den Kopf geworfen hatten. Halbblut war vermutlich das sanfteste, das er zu hören bekam. Ich wußte, daß er die Zielscheibe sämtlicher blöder Witze sein würde, die Indianer betrafen. Ich wußte, daß er in Kämpfe verwickelt würde, die er nicht wollte, und daß er verlieren mußte, weil er klein und schwach für sein Alter war.

Ich konnte nichts anderes tun als sein Zuhause noch

glücklicher zu gestalten. Sein Elternhaus würde ihm Zufluchtsort sein. Wir waren eine Familie, und solange wir zusammenhielten gegen „sie", konnten wir überleben. Ich haßte die Schule, weil sie mein Kind Tag für Tag viele Stunden gefangenhielt. Es war, als ob ein riesiger Bär meinen kleinen Jungen in winzige Stücke zerrisse. Jede Nacht würde ich Stunden damit zubringen müssen, meinen Jungen wieder zu trösten und aufzurichten.

Den ganzen Tag sah ich auf die Uhr. Die Zeiger rückten so langsam weiter, daß ich dachte, es würde nie Abend. Ich kochte Antilopes Lieblingsgericht und backte kleine Kuchen für ihn, um aus seinem ersten Schultag ein Fest zu machen. Vielleicht kam er ja ganz zufrieden nach Hause! Vielleicht war ja alles gut gegangen. Vielleicht hatte sich das Leben in der Schule doch geändert?

Endlich war es vier Uhr! Ich fuhr zur Straße vor und wartete auf den großen, gelben Schulbus, der in einer dicken Staubwolke daherratterte.

Antilope stieg aus und lief auf meinen Wagen zu wie ein Vogel, der dem Käfig entflohen ist. Sein Gesicht war tränenüberströmt, die Tasche seines neuen Hemdes abgerissen. Mein Herz war schwer. Ohne zu fragen wußte ich, was geschehen war.

„Ich bin froh, daß du wieder daheim bist." Ich versuchte, so fröhlich wie nur möglich zu sein. „Ich hab Kuchen für dich gebacken." Endlich wagte ich die Frage: „Wie war es in der Schule?"

„Ein großer Junge hat mich auf dem Spielplatz umgestoßen", gab er zur Antwort und blickte schweigend aus dem Fenster.

Als wir in den Hof fuhren, wo sein Bruder Hirsch ungeduldig auf ihn wartete, lächelte er. „Ich hab ja Freunde zu Hause – ich brauche keine in der Schule!" Und er lief auf den Bruder zu.

Ich nahm seinen Mantel und seine Tasche und trug sie

ins Haus. Die Tasche war schwer. Ich öffnete sie und fand sein Essen unberührt. Er war zu nervös gewesen, um auch nur einen Bissen zu essen.

Don kam herein und wusch sich die Hände. „Nun - wie war es in der Schule?" fragte er und hängte das nasse Tuch auf den Haken.

Ich warf ihm einen bösen Blick zu. „Wie wird's schon gewesen sein?" Ich ärgerte mich über ihn. Er war das Oberhaupt der Familie - er hätte seinen Sohn beschützen, etwas für ihn tun müssen.

Nach dem Abendessen packte ich Antilopes Tasche für den nächsten Tag, als er in der Küche erschien und noch einen Kuchen verlangte.

„Was machst du denn da?"

„Deine Sachen für morgen einpacken", gab ich zur Antwort.

„Aber ich war doch schon in der Schule! Ich muß doch nicht nochmals hingehen - oder doch?"

„Du mußt noch sehr, sehr oft hingehen", nickte ich.

„Aber ich möchte nicht mehr! Bitte, schick mich nicht mehr in die Schule!" bettelte er und legte die Arme um meine Beine. „Bitte, Mami!"

Ich hob ihn auf und drückte ihn fest an mich. „Der erste Tag ist immer schwer. Morgen wird es besser gehen. Morgen wirst du vielleicht schon einen Freund finden."

Er fuhr sich über die Augen. „Glaubst du?"

„Bestimmt! Morgen wirst du keine Angst mehr haben. Es wird dir viel besser gehen, und du wirst nicht mehr so nervös sein, daß du keinen Hunger hast. Morgen kannst du essen!"

„Ich will nichts zu essen", antwortete er.

„Du wirst aber Hunger kriegen!"

„Ich kann nicht essen, wenn ich allein bin", erklärte er.

„Aber du ißt doch mit den anderen Kindern, du bist doch gar nicht allein!"

„Doch, ich bin allein. Ich muß ganz allein in einem anderen Zimmer essen."

„Was soll das heißen?" fragte ich verständnislos.

„Alle anderen Kinder essen im Speisesaal, aber mich hat die Lehrerin ganz allein in ein anderes Zimmer geschickt."

„Aber da war doch sicher noch jemand anders mit dir im Zimmer?" Das konnte doch nicht wahr sein – er mußte doch sicher nicht allein essen!

„Nein. Die Lehrerin sagte, daß im Speisesaal nicht genug Platz sei, und ich solle in einem anderen Zimmer essen. Ich kann nicht essen, wenn ich allein bin. Mein Hals ist dann wie zugeschnürt, und ich kann gar nicht schlukken", entschuldigte er sich.

„Hast du etwas angestellt? Mußte sie dich vielleicht strafen?"

„Nein, ich hab gar nichts gemacht. Ich war nicht unartig. Sie mag mich einfach nicht."

„Aber nein – sie hat dich sicher gern! Da muß ein Mißverständnis vorliegen. Morgen geb ich dir einen Brief mit. Ich will ihr sagen, daß du mit den anderen Kindern im Speisezimmer essen mußt."

Er lächelte. „Darf ich dann wirklich bei den anderen essen?"

„Ja! Morgen geht es schon viel besser!" Nachdenklich beobachtete ich, wie er noch einen Kuchen nahm und hinauslief, um seinen Bruder zu suchen.

Ich schrieb ein Briefchen und steckte es in seine Schultasche:

„Liebe Frau Matthews,

Antilope ist sehr unglücklich, weil er allein essen muß. Bitte, lassen Sie ihn heute mit den anderen Kindern zu Mittag essen."

Das würde genügen. Der Anfang war schlecht gewesen,

Ich muß allein essen!

aber es mußte ja besser werden.

Als er am nächsten Tag von der Schule kam, bemerkte ich erleichtert, daß sein Hemd nicht zerrissen und sein Gesicht nicht tränenüberströmt war.

„Heute ist es schon besser gegangen, nicht wahr?"

„Ja. Niemand hat mich umgestoßen. Sieh mal, ich habe auf dem Spielplatz ein Stückchen grünes Glas gefunden!" Er zog den Splitter aus seiner Tasche und zeigte ihn mir. „Ich hab noch mehr Schätze gefunden", verkündete er und zog einen krummen Nagel, einen abgebrochenen Bleistift und einen Kaugummiumschlag aus der Tasche.

„Schön, wirklich!" nickte ich.

„Ich suche Schätze, wenn die anderen Kinder spielen." Behutsam ließ er seine Kostbarkeiten wieder in die Tasche gleiten.

„Spielst du denn nicht mit?" erkundigte ich mich.

„Sie lassen mich nicht. Wenn ich mit ihnen spielen will, stoßen sie mich weg. Aber es macht mir nichts aus. Ich suche eben Schätze!"

Ich hätte schreien mögen. Die anderen Kinder spielten, während mein Sohn ganz allein herumstand und Glasscherben und krumme Nägel auflas!

„Ist denn kein Lehrer bei euch auf dem Spielplatz?" Vielleicht wußten die Großen gar nicht, wie man Kleine Antilope behandelte.

„Doch, Frau Matthews war da."

„Was hat sie denn gesagt?"

„Ich soll nicht auf den Spielplatz gehen."

Ich war so wütend, daß ich kein Wort sagen konnte.

Am anderen Morgen fuhr ich mit Antilope in die Schule und begleitete ihn ins Klassenzimmer. Da saß Frau Matthews. Sie zeigte mir zwar wieder ihre Zähne, aber ohne eine Spur von Lächeln.

Ich hoffte, meine Stimme würde nicht zu verärgert klingen, als ich sagte: „Mein Sohn hat mir erzählt, daß er ganz alleine essen muß."

„Ja, das stimmt. Für ihn ist kein Platz mehr am Tisch. Wissen Sie, das Eßzimmer ist sehr klein!"

„Das heißt, daß Platz für alle Kinder ist, mit Ausnahme eines einzigen?" fragte ich.

„Genau so ist es!"

„Dann könnte man ja abwechseln. Einmal könnte mein Sohn allein essen, und am nächsten Tag ein anderes Kind", schlug ich vor.

„Nein, nein, so geht das nicht! Die anderen Kinder kennen einander und sind gewöhnt, miteinander zu essen", wehrte sie ab.

„Aber dann wird ja mein Junge die anderen Kinder nie kennenlernen, wenn er immer allein essen muß", wandte ich ein.

„Oh – er wird sich daran gewöhnen! Das ist es ja, was die Schule erreichen will – daß man sich anpaßt, sich in eine gewisse Ordnung fügen lernt", dozierte sie, als ob ich erst fünf Jahre alt wäre.

„Er kann aber nicht essen, wenn er allein ist", beharrte ich.

„Er wird es schon noch lernen. Vielleicht hat er zu Hause keine Disziplin gelernt?" Ihre blauen Augen waren kalt wie Eis.

„Er ist ein gutmütiges Kerlchen", erklärte ich. „Bei ihm ist nicht viel Strenge und Disziplin nötig."

„Mütter können die Sache natürlich nicht mit den Augen eines Lehrers beurteilen", erklärte sie mir.

„Das kann schon sein. Ich bin nicht vollkommen. Auch mein Sohn ist nicht vollkommen." Ich wollte hinzufügen, „auch Lehrer sind nicht vollkommen", aber ich dachte, es sei besser zu schweigen. „Ich will nicht, daß Sie meinen Sohn strafen, indem sie ihn allein essen lassen. Sie können ihn auf andere Art bestrafen, wenn er etwas angestellt hat."

„Das ist keine Strafe! Aber wir haben einfach keinen Platz für ihn am Tisch!"

Bei mir selbst dachte ich: Er wird gestraft, weil seine Mutter Indianerin ist!

„Vielleicht könnten Sie doch einen Platz für ihn am Tisch finden?" bohrte ich.

„Ich will sehen, was sich machen läßt", nickte sie herablassend und zeigte wieder ihre weißen Zähne. Danach verabschiedete ich mich.

„Bitte, lieber Gott", betete ich, „laß es damit bewenden. Laß Kleine Antilope mit den anderen Kindern essen!"

Die Tage vergingen. Nichts änderte sich. Jeden Tag brachte Kleine Antilope das Mittagessen unberührt nach Hause. Jeden Tag hatte man ihn zum Essen in ein anderes Zimmer geschickt.

Ich schrieb verschiedene Briefe und bat, man möge ihm erlauben, bei den anderen Kindern zu essen. Keine Antwort!

Zwei Wochen vergingen. Nun war meine Geduld zu Ende.

„Weshalb ist Antilope nicht in der Schule?" fragte Don eines Tages. „Er fehlt schon seit drei Tagen!"

Als ich erklärte, daß ich ihn nicht mehr hinschicken würde, wurde er wütend.

„Was soll das heißen – du schickst ihn nicht mehr zur Schule?"

„Die Lehrerin schickt ihn immer allein in ein Zimmer, wenn die anderen essen. Ich habe mit ihr gesprochen. Ich habe ihr geschrieben. Sie geht nicht darauf ein. Sie sagt nur: ‚Für Ihren Sohn ist am Tisch kein Platz'", erklärte ich. „Ich werde ihn nicht mehr zur Schule schicken, wenn er nicht bei den anderen Kindern essen darf."

Schweigend stand Don vor mir. Dann stapfte er durch das Zimmer, daß das Haus zitterte, und schmetterte die Tür ins Schloß, daß die Scheiben klirrten.

Ich sah aus dem Küchenfenster und beobachtete, wie er Bretter, einen Hammer und eine Schachtel Nägel ins Auto warf. Die Reifen quietschten, als er zum Tor hinausraste.

Eine Stunde später war er wieder da. Nicht wie ein wütender Stier, sondern ganz zahm. Um seinen Mund spielte ein zufriedenes Lächeln.

„Wo bist du gewesen?"

„In der Schule. Ich sagte Frau Matthews, wenn nicht genug Platz am Tisch sei für meinen Sohn, werde ich ihm einen Tisch machen. Ich bat sie, mir zu zeigen, wo. Bevor ich das zweite Brett aus dem Wagen holte, versprach sie mir, daß von jetzt an der Tisch auch für Antilope groß genug sein werde. Schick ihn morgen wieder hin."

Meine erste Frage am anderen Tag war: „Wo hast du heute zu Mittag gegessen?"

Mit einem breitem Grinsen antwortete Antilope: „Im Speisesaal bei den anderen Kindern!"

Die erste Runde war gewonnen. Aber das war nur der Anfang. Viele Schlachten lagen noch vor uns. Ein paar konnten wir gewinnen, die meisten aber mußten wir verlieren. Wir mußten um Rechte kämpfen, die den anderen verfassungsmäßig zustanden.

Jeden Abend betete ich, daß Gott meine Kinder in der Schule bewahren möge. Bewahren vor grausamen Kindern und ungerechten Lehrern. Ich betete, daß es eines Tages möglich würde, die Kinder in eine christliche Schule zu schicken, in der sie verstanden und geliebt wurden, und in der sie nicht um das Recht kämpfen müßten, mit ihren Kameraden am gleichen Tisch essen zu dürfen.

In meiner Phantasie malte ich ein Bild von der perfekten Lehrerin und nannte sie Frau Baker. Sie war freundlich und verständnisvoll. Sie liebte Kinder. „Bitte, Herr, schick mir eine Frau Baker, die meine Kinder unterrichten wird!" betete ich.

Die perfekte Lehrerin

Danke, Frau Baker.
Danke, weil Sie mein Kind lächelnd begrüßen
und ihn vor großen Buben zu schützen wissen.
Danke, weil Sie ihm Jacke geben und Hut
und ihn für den Heimweg kleiden gut.
Das schätze ich!

Danke für Geduld und Freundlichkeit,
für Ernst und Strenge, doch ohne Streit.
Danke, weil Sie ihm sagen, wenn er unrecht tut –
auch das Lernen von Liedern und Gebeten finde ich gut.
Danke, daß Sie ihn lehren, zu sagen ‚Bitte schön' –
Auch das ABC wird ihm gut anstehn.
Muß ich ihn teilen mit der Lehrerin,
bin ich so froh – Sie übernehmen ihn!

Sie setzen einen Meilenstein mit allem, was Sie ihn lehren,
können seine Freude, sein Wissen mehren.
Sie helfen meinem Sohn, daß er das Ziel erreicht
und nicht vom rechten Weg abweicht.

Stock und Stein können mich verletzen, aber niemals Namen. Nein, das ist nicht wahr! Namen können verletzen, Namen sind wichtig. Gott wußte, daß Namen wichtig sind, deshalb hat er Adam den Auftrag gegeben, die Tiere zu benennen. Später hat Gott selbst die Namen der Menschen geändert, wenn sich die Richtung ihres Lebens änderte.

Mein Sohn spielte draußen mit Nachbarsbuben, als ich jemand rufen hörte: „Mischling!"
Ich öffnete die hintere Haustür und rief die Kinder herein, um ihnen eine Erfrischung anzubieten.
„Ja", nickte ich. „Kleine Antilope, Verlorener Hirsch, Schneewolke und Frühlingssturm sind Mischlinge. Das heißt, daß sie zur Hälfte Indianer und zur Hälfte Weiße sind. Ihr wißt, was es bedeutet, weiß zu sein. Wißt ihr aber auch, was es heißt, ein Indianer zu sein?" fragte ich.
Der Großhans und seine zwei Freunde zuckten die Achseln und kamen mit Antilope ins Haus.
Ich gab jedem Kind eine Decke, die sie um ihren Leib

schlingen konnten, und hieß sie, sich im Kreis auf den Boden zu setzen.

„Wollt ihr einmal essen wie die Indianer?" fragte ich, und die Buben nickten eifrig.

Ich gab ihnen Pop-Corn, Erdnüsse, Kartoffel-Chips, heiße Schokolade und Melassekuchen.

„Das ist doch kein Indianeressen!" brummte der Großhans unzufrieden.

„Natürlich! Die Indianer haben diese Dinge schon vor vielen hundert Jahren gegessen, lange bevor der weiße Mann in unser Land gekommen ist. Wir kannten den Ahornsirup, Kartoffeln, Kaugummi und noch hundert andere Dinge!"

„Das hab ich nicht gewußt", erklärte der Großhans und stopfte sich mit Pop-Corn voll.

Ich erzählte ihnen die Geschichte von Donnervogel und sang ein Lied von Geronimo, und plötzlich bestürmten sie mich mit Dutzenden von Fragen über die Indianer.

Als sie zur Tür hinausrannten, nahm ich einem von ihnen den Gummiball aus der Hand. „Wir haben den Gummiball schon vor tausend Jahren gekannt", sagte ich und gab ihn zurück.

„Toll!" Er stieß einen lauten Pfiff aus und rannte hinter meinem Sohn her.

„He, Kleine Antilope! Könntest du mir nicht auch einen Indianernamen geben? Kann ich nicht dein Blutsbruder werden? Hast du schon einmal in einem richtigen Wigwam gewohnt?" hörte ich ihn rufen, als er den anderen über den Hof nachlief.

Ich schloß die Tür und hob die Decken vom Boden auf. Der Großhans würde Kleine Antilope vermutlich nie mehr Mischling schimpfen. Jetzt gerade wünschte er, auch ein halber Indianer zu sein. Das Problem von heute war mit ein paar Stück Kuchen und einer Geschichte gelöst worden. Aber eines Tages würde man ihn wieder

Mischling nennen, und das könnte ihn vielleicht abhalten, das Mädchen zu heiraten, das er liebte, oder den Beruf zu ergreifen, der ihn interessierte. Dann würden ein paar Stück Kuchen nicht mehr ausreichen, um ihn zu trösten.

„Bitte, Herr, sei bei ihm an den Tagen, da man ihn Mischling und anderes schimpft." „Mein Sohn, sei stolz auf das, was du bist. Du kannst das Beste aus beiden Welten haben. Du hast die Wahl. Wenn du groß bist, kannst du wie ein Indianer leben und auf dem Waldpfad gehen, oder du kannst wie ein Weißer leben und den Autobahnen folgen. Wähl dir das, was dich glücklich macht. Sei stolz, sei immer stolz darauf, daß in deinen Adern das Blut zweier Rassen fließt!"

28

Dank meiner Kinder lernte ich die Güte und Freundlichkeit Gottes auf eine Art kennen, wie sie mir tausend Predigten nicht vermitteln könnten. Kinder scheinen von Gott mehr zu wissen als irgend jemand anders, und wenn ich ihnen zuhörte, war mir, als hörte ich Gott reden.

Kleine Antilope kam ins Haus gerannt, die Teile eines zerbrochenen Autos in der Hand.

„Mach es wieder ganz, Mami!" weinte er.

Die Räder waren von der Achse gesprungen. Es war einfach, den Wagen wieder ganz zu machen. Man mußte die Räder nur wieder auf die Achse klemmen.

„Gib mir das Auto, ich kann es reparieren", bat ich, aber der Bub gab mir nur das Fahrgestell – die Räder behielt er fest in seiner Hand.

„Mach es wieder ganz, Mami", schluchzte er.

Er gab mir das Auto, aber die Räder wollte er behalten.

„Du mußt mir alles geben, sonst kann ich es nicht in Ordnung bringen."

Plötzlich fiel mir ein, daß ich zwar Gott gebeten hatte, meine Probleme zu lösen, daß ich ihm aber nicht alle Teile übergeben hatte. Jetzt war mir klar, daß ich *alles* Gott überlassen mußte.

„Alle eure Sorgen werfet auf ihn, denn er sorgt für euch" (1. Petrus 5, 7). Nicht nur ein paar Sorgen, nicht nur einen Teil eurer Sorgen – nein, *alle* eure Sorgen werfet auf ihn!

Mein Sohn gab mir die Räder, und in wenigen Augenblicken waren sie dort, wo sie hingehörten. Das Spielzeug war wieder wie neu, und er ging getröstet davon.

Ich konnte ihm erst dann helfen, als er genug Vertrauen

in mich bewies und mir alle Stücke übergab. Ich hatte Gott noch nicht in allen meinen Problemen restlos vertraut. In Zukunft wollte ich es besser machen.

Als ich das neue Bild aufhängte, das Jesus zeigt, der an der Tür steht und anklopft, war Hirsch sehr beeindruckt.

Etwas später zog ein Gewitter auf. Ein heftiger Donnerschlag ließ das Haus in den Grundfesten erzittern und die Scheiben klirren. Die Augen meines Sohnes wurden groß und rund, und er fragte besorgt: „Ist das Jesus, der an unsere Tür klopft?"

Ich erklärte ihm, daß es nur ein lauter Donnerschlag war, aber er glaubte mir erst, als ich die Tür öffnete und niemand draußen stand.

Wie real ist Jesus einem Kind! Wie sicher war mein Junge gewesen, daß Jesus vor der Tür stand. Trotz seiner Jugend fühlte er, daß Jesu Klopfen anders sein mußte als das Klopfen eines Menschen. Sein Klopfen verkörperte Macht und Strenge und könnte vielleicht ähnlich klingen wie ein Donnerschlag.

Würde ich es merken, daß Jesus an mein Herz klopfte, oder war ich zu beschäftigt? War ich ihm nahe genug, um seine leisen Worte zu hören, oder mußte er an meine Tür poltern, um meine Aufmerksamkeit zu erringen?

Wenn sich jetzt mein Gewissen regt, frage ich mich: „Ist es Jesus, der klopft?"

„Siehe, ich stehe vor der Tür und klopfe an; so jemand meine Stimme hört und die Tür auftut, zu dem werde ich eingehen und das Mahl mit ihm halten und er mit mir" (Off. 3, 20).

Antilope schüttete seinen Brei auf den Boden. Verlorener Hirsch nahm einen Bleistift und kritzelte damit über den Spiegel. Wolke versuchte, an den Vorhängen hochzuklettern, bis die Nägel aus der Wand flogen und Gardinenhalter, Gardinen und Sohn mit lautem Krach auf dem

Fußboden landeten. Während ich versuchte, die Vorhänge wieder aufzuhängen, stürmten die Buben in die Küche.

Sie verhielten sich auffallend ruhig, und ich rief hinaus: „Was macht ihr da draußen?"

Prompt kam Antilopes Antwort: „Nichts, Mama. Wir versuchen nur, die Eier wieder einzupacken!"

Ich ließ die Vorhänge fallen und rannte in die Küche. Sie hatten ein Dutzend Eier auf dem Boden aufgeschlagen, um herauszufinden, ob sie innen alle gleich aussahen, und versuchten nun, die klebrigen rohen Dinger wieder in die Schale zu bugsieren, bevor ich merkte, was sie getan hatten.

Obwohl ich mich über die Verschwendung und die entsetzliche Unordnung ärgerte, mußte ich doch heimlich lachen über ihr verzweifeltes Bemühen, ihre Missetat zu verbergen. Es ist eben unmöglich, ein rohes Ei wieder zusammenzusetzen!

Manchmal, wenn ich mich in Schwierigkeiten gebracht habe, versuche auch ich, die Dinge wieder ins Lot zu bringen, ohne daß Gott es merkt. Meine Anstrengungen, die Sünde vor Gott zu verbergen, sind genauso sinnlos wie das Bemühen meiner Kinder, ihre zerbrochenen Eier vor mir zu verstecken.

„Nichts aber ist verdeckt, was nicht aufgedeckt werden wird, und nichts verborgen, was nicht bekannt werden wird" (Lukas 12, 2).

Wie stolz war ich auf meinen neuen Rosenstrauch! An jedem Zweig hingen volle, rote Knospen, die nur darauf warteten, in ihrer vollen Pracht zu erblühen. Jeden Tag gingen die Kinder und ich hinaus und betrachteten den Busch. Wir warteten gespannt auf den Tag, da er über und über mit Blüten bedeckt sein würde.

Eines Morgens erreichte Antilope den Rosenstrauch vor mir, und ich sah, wie er sorgfältig die schützenden grünen Blätter zurückbog und langsam jedes kleine Blütenblatt zu öffnen versuchte.

„Was machst du denn da?" fragte ich und versuchte, meine Sorge um die Blumen nicht zu deutlich zu zeigen.

„Ich versuche, der Rose zum Blühen zu helfen, ohne ihr wehzutun", antwortete er ernst.

Ich erklärte ihm, daß die Natur keine Eile habe, und daß die Rose zu ihrer Zeit blühen werde.

Als ich ihn an diesem Abend zu Bett brachte und sah, wie klein und zart er war, betete ich im stillen: „Bitte, Herr, hilf mir, meine Kinder zum Blühen zu bringen, ohne ihre zarten Blütenblätter zu verletzen."

„Gewöhnt man einen Knaben an den Weg, den er gehen soll, so läßt er nicht davon, wenn er alt wird" (Sprüche 22, 6).

Heute pflückte Kleine Antilope Löwenzahnblüten für mich. Er hielt sie so fest in der Hand, daß die Stiele beinahe zerquetscht waren. Schweißtropfen rannen ihm von der Stirn.

„Ich hab dich lieb, Mami! Ich hab die Sonnenscheinblumen für dich gepflückt!" sprach er und streckte sie mir entgegen.

„Wie der Vater, so der Sohn." Ich lächelte, als ich mich an den Tag vor vielen Jahren erinnerte, als sein Vater mir „Sonnenscheinblumen" brachte. Ich gab ihm einen Kuß. Man muß schon ein besonderer Mensch sein, um überall Schönheit zu entdecken. Sogar ein ganz gewöhnliches Unkraut wird schön, wenn es von der Liebe berührt wird.

Verlorener Hirsch bettelte schon über einen Monat um einen kleinen Hund, aber sein Vater wehrte ab. „Kommt nicht in Frage! Ein Hund gräbt Löcher im Garten, jagt unsere Enten und tötet unsere Kaninchen. Es gibt keinen Hund, und dabei bleibt's!"

Jeden Abend betete Verlorener Hirsch um einen kleinen Hund, und jeden Morgen war er enttäuscht, daß draußen noch immer keiner auf ihn wartete.

Ich schälte Kartoffeln fürs Mittagessen, und er saß zu meinen Füßen und fragte zum tausendsten Mal: „Warum will Papa mir keinen Hund erlauben?"

„Weil ein Hund oft Schwierigkeiten bringt. Wein' nicht mehr. Vielleicht wird er es sich eines Tages anders überlegen", tröstete ich ihn.

„Nein, das wird er nicht! Und in einer Million Jahre hab ich immer noch kein Hündchen!" jammerte er.

Ich betrachtete sein schmutziges, tränenfeuchtes Gesicht und konnte ihm diesen Herzenswunsch nicht abschlagen. „Ich weiß, wie wir Vater dazu bringen könnten, seine Meinung zu ändern", sagte ich schließlich.

„Wirklich?" Verlorener Hirsch wischte die Tränen ab und schneuzte sich.

Ich drückte ihm eine Kartoffel in die Hand. „Nimm das und trag es mit dir herum, bis es sich in ein Hündchen verwandelt", flüsterte ich so leise, daß niemand es hören konnte. „Laß es nie aus den Augen, auch nicht für einen einzigen Augenblick. Behalt es immer bei dir, und am dritten Tag mußt du ihm eine Schnur umbinden und es im Hof hinter dir herziehen. Paß auf, was dann geschieht!"

Verlorener Hirsch packte die Kartoffel mit beiden Händen. „Mama, wie kannst du eine Kartoffel in ein Hündchen verwandeln?" Er drehte sie rundum und betrachtete sie mißtrauisch.

„Pst! Das ist ein Geheimnis!" flüsterte ich und schickte ihn hinaus.

„Herr, du weißt, was eine Frau auf sich nehmen muß, um den häuslichen Frieden zu erhalten!" betete ich.

Zwei Tage lang trug Verlorener Hirsch seine Kartoffel getreulich mit sich herum.

Am dritten Tag sagte ich zu Don: „Wir müssen unbe-

dingt ein Haustier für Hirsch anschaffen."
„Was fällt dir ein? Weshalb denn?" Don lehnte in der Tür.
„Ich fürchte, er wird sonst krank", erklärte ich. „Seit Tagen trägt er eine Kartoffel mit sich herum, nennt sie Skipper und behauptet, sie sei sein kleiner Hund. Er nimmt sie mit ins Bett, badet sie, und gerade eben hat er ihr eine Schnur umgebunden und führt sie spazieren."
„Eine Kartoffel?" Erstaunt sah Don aus dem Fenster, wie Hirsch mit seinem „Hündchen" spazieren ging.
„Sein Herz wird brechen, wenn die Kartoffel weich und faul wird." Ich räumte den Tisch ab. „Nebenbei bemerkt – jedesmal, wenn ich Kartoffeln schäle, beginnt er zu weinen und klagt, ich bringe die Verwandten seines Hündchens um."
„Eine Kartoffel?" fragte Don noch einmal ungläubig. „Mein Junge hat einen Kartoffelhund?"
„Nun, du hast doch erklärt, daß er keinen Hund haben darf. Das war für ihn vermutlich eine so große Enttäuschung, daß in seinem armen kleinen Kopf eine Schraube locker wurde. Ich fürchte, er bekommt demnächst einen Nervenzusammenbruch!" seufzte ich.
„Er ist doch erst drei Jahre alt!" rief Don aus. „Mit drei Jahren bekommt man keinen Nervenzusammenbruch!"
„Weshalb zieht er denn dann eine Kartoffel als Hund hinter sich her?" fragte ich.
„Morgen bring ich ihm einen kleinen Hund", versprach Don und lief hinaus, um nach Hirsch zu sehen. Als die Tür ins Schloß fiel, hörte ich ihn noch einmal murmeln: „Ein Kartoffelhund?"
Am anderen Tag brachte Don ein winziges, putziges Hündchen und zwei trächtige Katzen nach Hause, die uns bald darauf mit vierzehn Jungen beglückten.
Alle waren überglücklich. Don war überzeugt davon, daß er seinen Sohn vor einem Nervenzusammenbruch

bewahrt hatte. Verlorener Hirsch hatte zu seinem Hündchen noch sechzehn Katzen bekommen, und er war fest davon überzeugt, daß seine Mutter die Macht hatte, eine Kartoffel in einen Hund zu verwandeln. Und ich war glücklich, weil ich meine Kartoffel zurückbekam, und kochte sie zum Mittagessen.

Gesegnet sind die Friedensstifter!

Ganz tief innen jedoch meldete sich ein feines Stimmchen, das mich daran erinnerte, daß ich Don gegenüber nicht ganz ehrlich gewesen war. Sicher, ich hatte ihn davon überzeugt, daß Verlorener Hirsch einen Hund haben sollte, aber ich wäre froh gewesen, dieses Ziel auf andere Weise zu erreichen. Was so einfach begonnen hatte, lag jetzt schwer auf mir und machte mich unglücklich. Ich fragte mich, ob ich nicht Don die ganze Geschichte erzählen und ihn um Vergebung bitten sollte.

Eines Abends fragte Kleine Antilope: „Papa, ich habe heute auf Oaks Farm ein kleines, schwarzes Pony gesehen. Ein reizendes Pony! Papa, darf ich das Pony haben?"

Aller Augen richteten sich auf Don. Im Zimmer herrschte Totenstille. Don legte die Gabel hin und legte den Arm um Antilopes Schulter.

Mit übertriebenem Flüstern nickte er: „Mein Junge, wenn du ein Tier haben möchtest, mußt du folgendes machen: Nimm eine große Wassermelone, bind ihr eine Schnur um und zieh sie hinter dir her, rund ums Haus –"

Ich stellte meinen Tee hin und fragte ganz erstaunt: „Ja, woher weißt denn du –?"

Don lachte. „Als ich Verlorener Hirsch den Hund gab, erzählte er mir, daß du eine Kartoffel in einen Hund verwandeln kannst. Da bin ich natürlich draufgekommen, wie sich die Sache verhalten hat!"

„Bist du mir böse?" fragte ich. „Ich weiß, daß es nicht recht war, dich zu beschummeln. Aber als ich es merkte, war es schon zu spät!"

„Wenn ich nicht so eigensinnig gewesen wäre, hättest du ja keinen Trick erfinden müssen. Als ich sah, wie verklärt Verlorener Hirsch sein Hündchen umarmte, sah ich, daß ich einen Fehler gemacht hatte. Wenn ich auf euch gehört hätte, ohne mir einzubilden, daß nur ich im Recht sei, wäre es besser gewesen." Er lachte wieder. „Ich vergebe dir, wenn du mir vergibst!"

Ich lächelte, und mein Schuldgefühl war wie weggeblasen. „Eine Wassermelone in ein Pony verwandeln?" fragte ich, und alle lachten.

29

Die Sommersonne verschwand rotglühend hinter den Bergen, als Don und ich Hand in Hand auf dem Felsenhügel standen und unser Heim betrachteten.

Die Kinder rannten zwischen den hohen Föhren herum und spielten Verstecken.

Kleine Antilope war groß geworden. Er war ruhig, nachdenklich und empfindsam. Ich wußte, daß wir auf unseren Erstgeborenen immer stolz sein würden.

Verlorener Hirsch war ein einziges Lachen. Oft neckte er seinen kleinen Bruder so lange, bis er in Tränen ausbrach. Verlorener Hirsch konnte immer alle zum Lachen bringen, sogar wenn er einen schlechten Tag hatte. Für ihn würde das Leben leichter sein als für viele andere.

Schneewolke war für sein Alter klein und oft schwer zu verstehen, aber er hatte das Gesicht eines Engels. Wenn er erwachsen war, würde er Großes leisten.

Und erst Frühlingssturm, das runde, pausbackige Bündel Liebe! Wie kostbar bist du mir, meine Tochter – wieviel Freude machst du mir!

Frühlingssturm watschelte auf mich zu und drückte mir eine zerquetschte Löwenzahnblüte in die Hand.

Ich nahm das armselige Ding, drückte es an meine Lippen und küßte es. Sonnenscheinblumen! Welche Erinnerungen bergen sie für mich!

Dann betrachtete ich Don, meinen wunderbaren, starken, geduldigen Mann. Mein Anker, mein Fels, meine große Liebe.

Er drehte sich um, fing meinen Blick auf und lächelte.

„Ich glaube, nächstes Frühjahr kann ich dir ein Pferd kaufen", sagte er.

„Ein Pferd! Ich soll ein Pferd haben!" Ich war begeistert. „Mit einem Pferd kann ich wieder Indianerin sein!"

„Schrei im Wind, du hast nie aufgehört, Indianerin zu sein! Du gehörst in die Tage der glorreichen Vergangenheit, in die Welt vor hundert Jahren. Wir sind Menschen des zwanzigsten Jahrhunderts, die Raketen auf den Mars schießen. Du aber lebst im neunzehnten Jahrhundert, mit Pferden, die durch die Wildnis galoppieren. Du warst immer Indianerin, und du wirst immer eine bleiben. Deine Wildheit hat sich auf unsere Kinder vererbt. Ich lese es in ihren Augen. Die Berge und der Wind rufen sie und machen sie ruhelos. Sieh sie dir jetzt an, wie sie um die Bäume rennen – es sind nicht nur spielende Kinder, es sind eher wilde Pferde, die durchs Tal donnern." Und traurig fügte mein Mann hinzu. „Es sind deine Kinder, Schrei im Wind. Wie wenig von meinem Blut fließt doch in ihren Adern!"

„Aber sie sehen aus wie du." Ich wollte die Trauer in seiner Stimme verbannen.

„Ja, ihre Haut ist hell und ihr Haar ist blond, aber in ihren schwarzen Augen leuchtet die Wildheit. Die gleiche Wildheit, die ich vor vielen Jahren auf dem Gesicht eines Kickapoo-Mädchens entdeckte!" Er lächelte.

Die vielen Jahre erschienen mir wie eine Handvoll Staub, aber als ich mein Leben Gott übergeben hatte, hatte er meine Leere gefüllt, meine Furcht weggenommen und Frieden in mein Herz gesenkt.

„Ich habe alles, alles, was die Welt zu bieten hat!" lächelte ich.

Dons Hand umschloß die meine, und langsam wanderten wir auf unser Haus zu.

Unsere drei strammen Söhne liefen weit voraus. Lachend und schreiend spornten sie uns zur Eile an. Frühlingssturm trottete an unserer Seite dahin.

Wir waren eine glückliche Familie.